MINGMINGBAIBAI JIE DAIKUAN

明明白白借贷款

中国金融教育发展基金会 ◎ 编著

中国金融出版社

责任编辑：王效端　王　君
责任校对：李俊英
责任印制：张也男

图书在版编目（CIP）数据

明明白白借贷款/中国金融教育发展基金会编著. —北京：中国金融出版社，
2020.6

（普惠金融知识系列读本）

ISBN 978-7-5220-0329-0

Ⅰ.①明… Ⅱ.①中… Ⅲ.①借贷—基本知识 Ⅳ.①F830.5

中国版本图书馆CIP数据核字（2019）第253337号

明明白白借贷款

MINGMINGBAIBAI JIE DAIKUAN

出版

发行　　中国金融出版社

社址　　北京市丰台区益泽路2号
市场开发部　　（010）66024766，63805472，63439533（传真）
网上书店　www.cfph.cn
　　　　　　　　（010）66024766，63372837（传真）
读者服务部　　（010）66070833，62568380
邮编　　100071
经销　　新华书店
印刷　　天津市银博印刷集团有限公司
尺寸　　185毫米×260毫米
印张　　7.5
字数　　100千
版次　　2020年6月第1版
印次　　2022年5月第2次印刷
定价　　22.50元
ISBN 978-7-5220-0329-0
如出现印装错误本社负责调换　　联系电话（010）63263947

"普惠金融知识系列读本"
编委会名单

编委会主任：杨子强

编委会副主任：张　强

编委会成员：薛　涛　袁　瑞　龙海明

本书编写组

主　　　编：龙海明

副　主　编：周鸿卫　王志鹏

编写组成员：谭聪杰　张湘宜　陶　冶　刘净冰

序

致读者：

在过去的很多年里，金融在普通大众眼里多少有些陌生甚至神秘。很多人认为金融与自己的生活相距甚远，学不到也用不着，但事实并非如此。随着中国经济的繁荣发展，金融活动早已渗透到我们生活的方方面面：存款贷款、保险产品、投资理财、日常消费等都离不开金融服务，每个人都是金融的直接或间接消费者。

如今，金融市场日益灵活，金融产品不断推新，我们在参与金融活动时，如何在享受和利用金融发展成果改善生活的同时，获得有效抵御和控制潜在金融风险的技能？对此，国家有责任、有义务向国民普及金融知识，提升国民金融素养，维护国家金融稳定；民众也有权利、有必要获得基本的金融知识和实用技能，通过金融手段维护合法权益、改变自身命运。

近年来，党中央、国务院高度重视国民金融教育工作，大力推动国家普惠金融发展，先后制定了多项政策和文件，并将助推乡村普惠金融发展写入《乡村振兴战略规划（2018—2022年）》。在此背景下，中国人民银行、银保监会、证监会、财政部、农业农村部五部门共同出台《关于金融服务乡村振兴的指导意见》（银发〔2019〕11号），再次把"金惠工程"列为构建农村地区良好金融生态环境，实现农村金融教育全覆盖的重要手段之一，不断为普惠金融的推行开创新局面、创造新机遇。作为发展普惠金融的基础环节，金融教育，尤其是面向青少年的金融普及教育，意义重大，势在必行。而在这一方面，我国虽然已经取得了一定成绩，但仍然还有很长的路要走，还有很多的事要做。基于此，中国金融教育发展基金会积极响应时代号召，全力践行普惠金融理念，在各项金融教育公益项目开展基础上，组织专项力量，由湖北经济学院、浙江金融职业学院、长春金融高等专科学校、湖南大众传媒职业技术学院、西南财经大学、湖南大学、吉林财经大学7家中国人民银行原行属院校组建编写团队，共同编撰了"普惠金融知识系列读本"，重点针对中小学生、农民朋友等金融教育可获得性较低的群体，提供专业、有趣、系统、实用的金融知识普及读物，帮助大家轻松了解金融、正确认识金融、灵活运用金融。

"普惠金融知识系列读本"包括《诚信伴我行》《火眼金睛识假币》《便捷支付　快乐生活》《我是家庭理财师》《金融诈骗我不怕》《保险：家庭守护神》《明明白白借贷款》《走进金融科技》《百姓金融安全小卫士》9个分册。我们希望，通过具体的案例和详细的解析，越来越多的人能掌握一些最贴近生活的金融知识和技能，不致因信用意识淡薄而给日常生活、升学就业、享受各项优惠政策等造成不便；不致因缺乏合理规划、以钱生钱的理念而错过改善物质条件的机会；不致因不会使用基本的金融工具而置身于现代金融社会之外，限制了生产生活的发展；也不致因风险意识不足或不懂得识破假币及各类金融骗局而使辛苦所得付之东流。

为了保证读本质量，并最大限度地迎合读者理解能力和学习需要，使之可读、可用，全书在编写过程中注重突出了三大特点：其一，通俗明了。

读本准确把握读者定位，深入浅出，图文并茂，尽可能用简洁生动的语言解释复杂深奥的专业知识。其二，系统规范。作为金融教育启蒙读物，丛书在保证通俗明了的同时，严格把握严谨、准确的基本原则，循序渐进，形成了相对完整的知识体系。其三，精准实用。丛书编写工作启动之前，我们特地面向全国10个省（自治区）近30个县发放了调查问卷，同时结合实地调研情况，选出了最受学生和农户欢迎的金融知识领域，以期通过有限的教育资源最大化地帮助民众学以致用、创业致富。此外，我们始终秉持与时俱进、推陈出新的理念，并结合时代热点、国家战略部署和实务领域的新进展对编写内容作出新的调整。

　　"普惠金融知识系列读本"是金融、教育和公益界多位朋友共同努力的成果，现已纳入全国金融标准化工作内容之一，成为发展普惠金融的重要普及材料，这是国民金融教育事业的新探索。未来，我也希望所有关心和支持金融普及教育工作的同仁，与我们一道，为推进普惠金融纵深发展、提升国民基础金融素养、助力乡村振兴、决胜全面建成小康社会、实现民族伟大复兴的中国梦协力奋进！

中国金融教育发展基金会理事长

2019 年 3 月

编者的话

　　普惠金融，是以相对较低的成本为有金融服务需求的社会各阶层和群体提供适当、有效的金融服务。农民、城镇低收入人群、小微企业等弱势群体是其重点服务对象。其中，贷款是普惠金融的重要组成部分。

　　贷款，简单通俗的理解就是借钱并支付利息。近年来，党和国家高度重视普惠金融发展，出台了一系列政策措施，鼓励各类金融机构和市场主体加大普惠金融服务力度。随着普惠金融的全面推进，人们在日常生活的方方面面都可以接触到贷款的相关业务，贷款的普及度也日益提高。

　　贷款投入给我国经济发展及居民个人生活均带来了重大影响。一方面，贷款可以有效促进农村经济发展，改善农民生活，减少农村高利贷行为，增加农民就业及提高农民收入水平；另一方面，贷款有利于促进投资与生产，提高居民的消费倾向，扩大内需，促进国家经济增长。同时，贷款能让人民明白借贷规则，认识到维护好个人信用的重要性。

　　为了普及贷款知识，我们编写了"普惠金融知识系列读本"之《明明白白借贷款》。它从寻常百姓日常生活的视角出发，介绍了什么是贷款业务、办理贷款该找什么机构、贷款产品有哪些、贷款怎么申请办理、贷款利息如何计算、贷款过程应注意哪些事项等。本书从身边的故事入手，深入浅出，通俗易懂，并配有生动的漫画，具有较强的可读性及趣味性。

俗话说"好借好还，再借不难"，知晓贷款知识，让我们牢记：及时还钱，绝不逾期，做到明明白白借贷款。

快来打开读本，和我们一起了解贷款知识吧！

编者

2019 年 5 月

目 录

开篇故事

小明和同桌小红家都开办了服装厂，最近服装行业不太景气，小明每天回家看到爸爸妈妈愁眉苦脸的样子，十分担心。但他奇怪的是，小红家的生意应该也不好做，怎么没见她家犯难呢？

这样的状态持续了一周，小明终于忍不住问小红："小红，我听说最近服装都卖得不太好，我爸妈一直忙着跟亲戚们借钱呢，你家情况如何？"

小红说："最近生意是不太好，但是我爸妈通过银行贷款，解决了资金困难，周转问题不大。"

小明问道："贷款是什么？"

小红解释说："简单来说，贷款就是向银行或其他金融机构借钱，到期归还本金并支付利息。我们申请贷款的一方是借款人，向我们发放贷款的机构是贷款人。"

小明心中满是疑惑：贷款可以找谁呢？我应该选择什么样的贷款呢？办理贷款有什么条件和手续吗？之后怎么还款呢？

正在看书的你是否也有着和小明一样的疑惑呢？让我们一起阅读本书接下来的内容，解答这些疑惑吧！

第 1 章
想要贷款该找谁

身边的故事

　　小杨的家乡盛产苹果，但近几年却出现了苹果滞销问题。在省会城市读完大学后，小杨想回到家乡创业开淘宝店，为家乡亲友解决苹果销路问题，但是刚刚毕业的小杨并没有任何经验，也没有资金支撑开淘宝店。小杨向导师王老师倾诉了自己的困惑，王老师说："现在银行针对互联网创业的贷款相对较少，不过随着国家对普惠金融的重视不断加强，许多金融机构也对贫困和低收入人群贷款、"三农"①贷款领域出台了相应的支持措施，你可以到当地农村信用社了解一下。"小杨到当地农村信用社把自己的情况详细说明之后，果然申请到了一笔5万元的小额贷款……

　　提及普惠金融，大家有所耳闻。它是一个能有效地、

可以向当地农村信用社请求支持小额贷款。

创业导师

---

　　① 指农业、农村、农民。

全方位地为老百姓，尤其是贫困、低收入人群提供服务的金融体系。普惠金融的主要任务就是要使农户、城镇低收入人群及小微企业等贷款有困难的群体及时、有效地获得价格合理的金融服务。近年来，我国对普惠金融高度重视，出台了一系列支持政策。从十八届三中全会提出发展普惠金融，"鼓励金融创新，丰富金融市场层次和产品"，到2015年12月31日，国务院印发《推进普惠金融发展规划（2016—2020年）》，再到2017年5月，银监会印发《大中型商业银行设立普惠金融事业部实施方案》，一系列政策法规为普惠金融发展提供了良好外部环境、健全了相关金融基础设施，也完善了金融监管体系框架。

思 考 题 ？

> 小杨申请的贷款是什么机构发放的？

> 日常生活中我们接触比较多的贷款机构有哪些？你觉得它们发放贷款一般会有什么要求？

> 你对普惠金融了解吗？

实际上，申请贷款的渠道是多种多样的，除了我们常见的银行类金融机构之外，还有包括小额贷款公司、消费金融公司等在内的非银行类金融机构。各类金融机构自身业务范围与贷款产品有不同程度的差异，借款人可以根据资金需求选择符合自身需要的贷款机构与贷款产品。

一、银行类金融机构

银行类金融机构主要包括国有控股大型商业银行、全国性股份制商业银行、城市商业银行、农村信用社、村镇银行等。

（一）国有控股大型商业银行

国有控股大型商业银行，包括中国工商银行、中国建设银行、中国农业银行、中国银行、交通银行、中国邮政储蓄银行。国有控股大型商业银行承担着维护国家金融安全和社会稳定的重任，在铁路、公路、航运、水电站等涉及国计民生的基础设施建设方面发挥着重要作用。

国有控股大型商业银行在特定历史发展阶段业务范围有所侧重，例如，中国工商银行主要办理工商信贷业务，中国建设银行以基础建设投资为主要业务，中国农业银行主要服务于农业开发和建设，中国银行主要办理涉外业务。进入21世纪以来，国有控股大型商业银行陆续成功进行了股份制改革，资本实力大大增强，公司治理趋于完善，业务范围也更为广泛，成功跻身于世界一流商业银行之列。

国有控股大型商业银行在服务大型企业的同时，也充分利用其网点分布广、产品种类多等优势，通过产品和服务创新，不断提升普惠金融

服务水平，统筹推进小微金融、扶贫和"三农"金融服务，加快银行普惠金融事业的发展。国有控股大型商业银行贷款产品和服务的创新主要包括两个方面：一是贷款产品更具有普惠性和精准性，特别是对小微企业、"三农"支持的贷款产品，相较于普通贷款产品利率更优惠、办理更便捷；二是贷款渠道拓宽，从原先只能到实体网点办理，延伸到互联网上自助办理（即线上办理），大大提升了业务办理效率。

思 考 题

➡ 你知道哪几家国有控股大型商业银行？

➡ 你认识它们的 LOGO（徽标和标志）吗？

（二）全国性股份制商业银行

目前，全国性股份制商业银行共有12家，包括兴业银行、光大银行、招商银行、浦发银行、中信银行、华夏银行、民生银行、广发银行、平安银行、恒丰银行、浙商银行和渤海银行。全国性股份制商业银行早期大多发源于一线城市（如北京、上海、广州和深圳）和省会城市等经济发达地区，以便取得较大的规模发展和利润增长。随着时间的发展和业务的扩张，全国性股份制商业银行在一些发达的县也设立了分支机构。当前，全国性股份制商业银行已经成为我国商业银行体系中一支富有活力的生力军，成为银行业乃至国民经济发展不可缺少的重要组成部分，在贷款业务中也发挥着极其重要的作用。

全国性股份制商业银行相继推出了种类丰富的普惠金融服务和产品，相较于前面所提到的国有控股大型商业银行，全国性股份制商业银行在贷款产品和服务的个性化与差异化方面更具优势，更加侧重线上产品的丰富、线上审批流程简化等方面。从服务的对象看，相比国有控股大型商业银行服务的大型企业，全国性股份制商业银行的客户经营规模相对较小。

思 考 题

> 你所在的区或县里有哪些全国性股份制商业银行呢？

（三）城市商业银行

　　城市商业银行简称城商行，是在当地城市信用社的基础上组建成立的区域性银行，其成立之初的业务定位就是：为中小企业提供金融支持，为地方经济搭桥铺路。随着经济金融事业的发展，城市信用社在发展过程中暴露出一些风险管理问题，后来逐渐改制成为城市商业银行，但业务定位依然是为地方经济和地方居民提供金融服务。根据银保监会披露的数据，截至2018年末，城市信用社已全部改制成为城市商业银行。在普惠金融事业的推进过程中，城商行也发挥了重要作用。

　　与国有控股大型商业银行和全国性股份制商业银行相比，城商行面临着经营理念落后、信息技术不强、市场细分不足、创新能力较弱、历史包袱沉重等诸多压力和挑战，但也拥有一些独特优势。主要体现在：一是城商行与地方经济交融相织，大部分城商行与地方政府和地方企业都有着良好且密切的关系，在获取企业信息方面拥有得天独厚的地缘优势和时效优势，对企业的资信状况和经营能力具备更可信的分析判断；二是与大型银行相比，城商行体量较小，对市场变化较为敏感，有利于迅速作出经营决策，对具有迫切资金需求的企业来说吸引力更强。

（四）农村信用社（农村商业银行）

农村信用社简称农信社，是指经中国人民银行批准设立，由社员入股组成，实行民主管理，主要为社员提供金融服务的农村合作金融机构。 农信社是联系农村最好的金融纽带，它主要为本地区的"三农"业务提供金融服务。根据监管部门相关规定，农村合作银行和农村信用合作社将逐步改制为农村商业银行。

农村信用社在普惠金融发展中具有举足轻重的地位。农村信用社长期立足并扎根农村金融市场，具有鲜明的本地化优势，与其他金融机构相比，其具有机构分布广、产品类型更"接地气"等特点。其服务"三农"的定位，使其与基层群众的联系也更为密切。而且，本着"取之于当地，用之于当地"的要求，农村信用社吸收的存款更多投放到当地市场，为当地中小企业和个人提供丰富的金融产品和服务。

农村信用社在普惠金融贷款产品创新和服务方面更具灵活性，且充分与地方政府部门合作，突出本地特色，服务本土企业和居民。总结起来，主要有以下三个方面的举措：一是完善基础金融服务，提升涉农服务质量。比如，对农村城郊现有的营业网点进行升级改造，提高自助终端覆盖率，完善银行卡助农服务点的功能，为农民提供就近提取资金、支付电费、代缴话费等服务。二是落地信贷支持，贷款重点投向"三农"和小微企业，降低贷款门槛，简化贷款流程，提高贷款效率。三是结合地方特色，针对种植业、畜牧业、运输业的不同特点，为小微企业、个体工商户、农民专业合作社提供具有特色的信贷产品，满足当地种植业、养殖业及运输业需求。

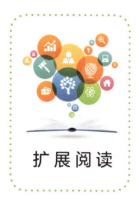

扩展阅读

农村商业银行与全国性银行（大型银行和股份制银行）有何区别

农村商业银行与全国性银行（大型银行和股份制银行）主要有以下区别：

一是经营地域区别。农村商业银行由农村信用社改制而来，这决定了其经营范围集中于特定区域。2019年1月银保监会发布的《关于推进农村商业银行坚守定位强化治理提升金融服务能力的意见》提出农村商业银行应严格审慎开展综合化和跨区域经营，原则上机构不出县（区）、业务不跨县（区），专注服务本地。

二是客群差异。农村商业银行是农村地区、小微企业服务的主力军，它诞生于基层，具备服务农村地区和中小微企业的优势。据银保监会统计数据，2018年末，农村商业银行用于小微企业的贷款余额为6.96万亿元，占商业银行的28%。且

农村商业银行保持着较快的小微企业贷款增速，2018年末为16.1%，大幅高于国有大型商业银行（-4.3%）和全国性股份制银行（6.5%）。

（五）村镇银行

村镇银行，是在农村地区设立的主要为当地农民、农业和农村经济发展提供金融服务的银行业金融机构。以往，在中国农村只有农村信用

社和邮政储蓄两种金融主体，金融服务的水平越来越无法满足农民的需求，村镇银行的建立有效地填补了农村地区金融服务的空白，增加了农村地区的金融支持力度。银保监会公布的数据显示，截至2018年6月末，全国共组建村镇银行1605家，县市覆盖率为67％，覆盖了415个国定贫困县和连片特困地区县。中西部地区共组建村镇银行1050家，占村镇银行总数的65.4％。已开业的村镇银行资产总额为1.4万亿元，农户和小微企业贷款合计占比为91.8％，户均贷款34.9万元。

村镇银行作为县域支农支小专业化社区银行，是发展普惠金融、助力精准脱贫和服务乡村振兴战略的新兴力量，也成为了农村金融服务体系不可或缺的重要组成部分。银保监会也于2018年下半年在15个中西部和老少边穷且村镇银行规划尚未完全覆盖的省份开展首批"多县一行"制村镇银行试点，特别是在贫困县相对集中的县域开展。其主要目的是加大对中西部和老少边穷地区金融资源的投入，有针对性地解决欠发达地区组建村镇银行法人无法实现商业可持续经营的突出困难，提高金融服务的覆盖率。在当前乡村振兴战略背景下，适应农村经济特征的金融业态将迎来新的发展机遇，村镇银行的培育发展也将积极推进，重点加大对"三农"、小微、扶贫和基本民生保障等方面的金融服务，提升金融服务实体经济的能力和效率。

二、非银行类金融机构

相比传统银行类金融机构，非银行类金融机构的贷款服务更加倾向于低收入群体和小微企业。

（一）小额贷款公司

正规的小额贷款公司成为普惠金融的重要补充，国家近几年对小额贷款公司在税收等方面给予了和银行金融机构同等的待遇，引导其服务小微企业、贫困人群等弱势群体。

小额贷款公司增加了融资渠道

与银行相比，小额贷款公司的贷款更加倾向于"小额、分散"，更侧重为农户和小企业提供贷款服务。

然而市场上不同种类小额贷款公司鱼龙混杂，一些不正规的小额贷款公司打着贷款的旗号进行诈骗，这就需要我们能够正确识别小额贷款公司的合法性、合规性。

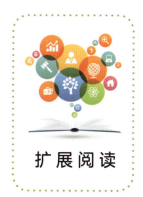

扩展阅读

识别不正规小额贷款公司的三种简易方法

提供以下几点建议：第一，目前小额贷款公司只能在注册地（某县或城市的某区）范围内开展业务。但是一些非正规的公司往往自称在全国各地开展业务。第二，小额贷款公司在审批项目时，必须与借款人当面进行沟通，且要借款人提供详细的生产经营情况和家庭收入情况，甚至要到借款人住处和经营地点进行实地访问。因此那些不需要提供任何资料，甚至连借款人的面都不用见的小额贷款公司要警惕。第三，小额贷款公司由各省金融办批准，并在当地工商部门注册，可打电话向该公司注册所在地有关部门核实情况，也可通过"中国小额贷款公司协会"网站进行查询。

（二）消费金融公司

消费金融公司是指不吸收公众存款，以小额、分散为原则，为中国境内居民提供以个人消费为目的的贷款的非银行金融机构，包括个人耐用消费品贷款、一般用途个人消费贷款等，如购买家用电器、电子产品等耐用消费品，以及用于个人及家庭旅游、婚庆、教育、装修等消费事项。

消费金融公司的服务对象主要是城市中的低收入人群，为居民的日常消费、资金临时用度，提供了更简便、快捷的贷款方式。

我国首批试点的四家消费金融公司分别为北银消费金融有限公司、中银消费金融有限公司、四川锦程消费金融公司、捷信消费金融有限公司。截至2018年7月，我国已开业的持牌消费金融公司共有24家，其中银行系有21家，占比87.5%。

（三）互联网金融贷款平台

在"互联网+"背景下，具有"草根金融"特征的互联网金融正为普惠金融提供新的契机和路径。当前"互联网+金融"格局，由传统金融机构和非金融机构组成。传统金融机构主要为传统金融业务的互联网创新、电商化创新、APP软件等；非金融机构则主要是指利用互联网技术进行金融运作的电商企业、P2P模式的网络借贷平台、众筹模式的网络投资平台、手机理财类APP，以及支付宝和微信支付等第三方支付平台。

▶ 找一找家和学校附近有哪些机构可以申请普惠金融贷款。

▶ 了解互联网金融贷款平台与传统金融机构贷款有什么不同。

第 2 章
贷款产品有哪些

身边的故事

　　张全义家住新疆五家渠市，家里有4口人，共有60亩地，家庭收入主要靠种植棉花、小麦和工业番茄等。49岁的农民张全义原来很害怕和银行打交道，他认为像他这样的"穷人"是没法获得银行贷款的。今年发生的一件事使他对银行的印象变得不同了。

　　张全义的孩子今年考上了大学，学费金额较大，同时张全义又急需购买种子、地膜、化肥等农资，需要的钱大约有3万元。他不得不去银行想办法贷款，拿不到钱，种不成地，全家一年的收入就没指望了。

　　抱着"试一试"的态度，张全义来到镇上的银行咨询贷款业务。进门后，银行接待人员笑脸相迎，让他坐下来

等一等，给他倒了一小杯水。了解了张全义的基本情况及资金需求后，银行工作人员告诉张全义，他基本符合银行的贷款条件，但是他所需要的贷款资金不是一个贷款产品可以满足的，关于他孩子的大学学费可以申请"国家助学贷款"，关于购买农资的费用可以申请"农户小额信用贷款"，并拿出两份不同的资料让张全义填写。

💡 **思 考 题** ❓

- ⊗ 张全义申请贷款为什么需要分开两笔申请呢？除了这两种，你还知道哪些常见的贷款产品？
- ⊗ 了解一下身边办理过贷款的邻居、亲戚们，看他们办理的是什么贷款产品，他们将贷款资金用到了哪些方面呢？

贷款的主要要素包括借款人、贷款期限、贷款利率、贷款用途、担保方式、还款方式、贷款额度等，即谁在贷款？贷款多久？贷款的利率是多少？贷款的用途是什么？用什么资产或权益为贷款做担保保证？选择什么样的还款方式？以及贷款的金额是多少？根据贷款不同的要素，可以将贷款分为很多种类。

从谁在贷款来看，根据贷款的主体是企业还是个人，可以分为企业贷款和个人贷款。

从贷款时间长短来看，按照贷款期限可以分为短期贷款、中期贷款、长期贷款三种，短期贷款是指贷款期限在1年以内（含1年）的贷款，中期贷款是指贷款期限在1年到5年（含5年）的贷款，长期贷款是指贷款期限在5年以上的贷款。

从贷款的利率来看，按照利率是否固定可以分为固定利率贷款、浮动利率贷款、混合利率贷款三种，固定利率贷款是指贷款期限内贷款利率为固定数值的贷款，浮动利率贷款是指贷款期限内贷款利率是浮动的贷款，混合利率贷款是指部分期限实行固定利率、部分期限实行浮动利率的贷款。

从贷款的用途来看，可以分为经营性贷款、消费性贷款两大类，经营性贷款是指贷款资金主要用于企业或个人生产经营周转的贷款，消费性贷款是指贷款主要用于个人消费的贷款。

表2-1　贷款的分类

分类标准	贷款种类	主要区别
贷款主体	企业贷款	贷款申请人为企业法人
	个人贷款	贷款申请人为自然人
贷款时间	短期贷款	贷款期限1年（含）以内
	中期贷款	贷款期限1年到5年（含）
	长期贷款	贷款期限5年以上
贷款利率	固定利率贷款	贷款期限内利率固定
	浮动利率贷款	贷款期限内利率浮动
	混合利率贷款	部分期限实行固定利率、部分期限实行浮动利率
贷款用途	经营性贷款	贷款用于生产经营周转
	消费性贷款	贷款用于个人消费

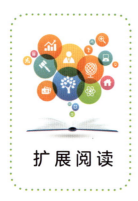

扩展阅读

贷款按担保方式分类

贷款按照担保的方式进行分类，可以分为信用贷款、抵押贷款、质押贷款、保证贷款四种类型。

1.信用贷款，指的是凭借款人的信誉发放的贷款，在这种贷款方式下，借款人不需要提供自己的财产作为抵（质）押品，只要凭借银行对自己的信任就可以发放贷款，借款人一般都是信誉良好的企业或个人。

2.抵押贷款，指的是以借款人或者第三人的财产作为抵押发放的贷款，如果到期不能归还贷款，银行就会通过处置抵押的财产，来收回贷款本金及利息。可以作为抵押物的财产主要包括建筑土地使用权、土地承包经营权等。个人常见的抵押物有房产、车辆、生产设备、船舶等。

3.质押贷款，指的是以借款人或者第三人的动产或权利作为质押物而发放的贷款，质押的范围主要包括票据、债券、可以转让的投资份额、专利权及著作权等知识产权、其他财产权利。个人常见质押物有储蓄存单、国债、理财产品、保险单、商铺承租权、存货等。

4.保证贷款，指的是第三人承诺在借款人不能偿还贷款时，按约定承担一般保证责任或者连带担保责任而发放的贷款。

表2-2　贷款的担保方式

按担保方式分类	主要特点	贷款要求
信用贷款	凭借款人信誉发放	借款人信誉良好
抵押贷款	以财产作为抵押物担保	有房产、车辆等可抵押财产
质押贷款	以动产或权利作为质押物担保	有储蓄存单、国债、股权、专利权等可质押动产或权利
保证贷款	自然人或公司提供保证担保	保证人实力强，愿意担保

思 考 题

▶ 在日常生活中常见的贷款担保方式有哪些？

贷款产品有很多，与农村生产及生活息息相关的贷款主要包括农村经济组织贷款、农户小额信用贷款、农户抵押贷款、农户保证贷款、个人经营性贷款、个人创业贷款、个人消费贷款以及其他贷款产品。

一、农村经济组织贷款

农村经济组织是指在现行农村基本经营制度下成立的，以村集体的名义针对某类集体经济资产设置的经营管理组织，如农民专业合作社、村级股份合作制企业等。农村经济组织贷款是指针对农村经济组织发放的贷款，主要包括农民专业合作社贷款和农村经济组织股权质押贷款等。

（一）农民专业合作社贷款

农民专业合作社贷款是指农村信用社向农民专业合作社或合作社成员发放的贷款。针对农民专业合作社组织形式的特点和经营管理水平，可以灵活选取向合作社发放贷款或向合作社成员发放贷款的方式。

农民专业合作社贷款主要有以下几个特点：一是只要有具体项目的农民专业合作社及合作社成员均可申请贷款；二是在同等条件下，比同等普通客户贷款利率低10%以上；三是贷款期限一般不超过1年，最长不超过2年，具体根据借款人生产周期长短确定；四是贷款发放金额一般不超过借款人投入资金总额的70%。

农民专业合作社贷款的主要用途有：购买大、中型农业机具；专业合作社统一采购种植业、养殖业所需物资的资金；专业合作社统一收购、销售社员农产品；专业合作社建设标准化生产基地、建造产品分级仓储场所、购买各类包装和加工设施、购置冷藏保鲜设施和运输设备等；专业合作社用于生产经营的其他需求；其他合法用途。

农民专业合作社申请贷款应具备以下条件：经工商行政部门核准登记，取得农民专业合作社法人营业执照；有固定的生产经营服务场所，依法从事农民专业合作社章程规定的生产、经营、服务等活动，自有资金比例原则上不低于30％；具有健全的组织机构和财务管理制度，能够按时向贷款银行报送有关材料；在贷款银行开立存款账户，自愿接受信贷监管和结算监管；信用等级A级（含）以上，具有偿还本息的能力，无不良贷款及欠息；贷款银行规定的其他条件。

农民专业合作社成员贷款应具备的条件：年满18周岁，具有完全民事行为能力、劳动能力或经营能力的自然人；户口所在地或固定住所（固定经营场所）必须在贷款银行的服务辖区内；有合法稳定的收入，具备按期偿还贷款本息的能力；在贷款银行开立存款账户；信用等级A级（含）以上；贷款银行规定的其他条件。

扩展阅读

邮储银行临夏州分行发放首笔农民专业合作社贷款

2015年12月24日，邮储银行临夏州分行首笔农民专业合作社贷款成功发放，拿到50万元贷款的临夏市四季青种植养殖专业合作社社长何老板高兴地说："从申请贷款，到50万元拿到手，只用了几天时间。这笔贷款解了我的燃眉之急！"

年初，何老板经了解和考察，决定引种枸杞，他从宁夏订购了30多万元的枸杞苗木，准备明年开春先试种10公顷，待试种成功后再扩大规模。想法有了，苗木定金交过了，订单也下了，可这30多万元钱让他犯了难。抱着试一试的态度，他向邮储银行递交了贷款申请。让他想不到的是，短短三四天的时间，50万元的贷款就批下来了。"现在贷款下来了，除去枸杞苗木款，余下的还能引进些新品种。"何老板说话间，兴奋之情溢于言表。

据了解，邮储银行农民专业合作社贷款品种对合作社整体最高可授信1000万元，可有效解决农民专业合作社贷款难的问题，可推动新型农业发展，增加农民收入。

资料来源：邮储银行发放首笔农民专业合作社贷款[EB/OL]. [2015-12-29]. http://pig66.com/2015/145-1229/17634254.html.

思 考 题

❯ 了解一下自己村里或者镇上是否有农民专业合作社，他们主要经营什么业务呢？他们有没有申请过贷款呢？如果有的话，申请的是什么贷款？

（二）农村经济组织股权质押贷款

农村经济组织股权质押贷款是指用持有的农村经济组织的投资份额

及投资份额享有的相关权益为贷款提供担保发放的贷款，担保的范围包括贷款的本金、利息等各项费用。投资份额提供担保的比例一般根据农村经济组织的经营情况、投资份额净资产值、投资份额变现难易程度等因素，由贷款各方具体协商确定。

农村经济组织股权质押贷款一般遵循以下流程：首先，借款人向银行提供贷款需要的基本资料，包括贷款申请书、财务报表等；其次，借款人和银行签订贷款合同，保证人与银行签订股权质押合同；再次，到工商登记部门办理好股权质押登记手续；最后，银行根据贷款合同和股权质押的相关证明文件发放贷款。

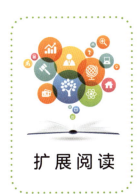

扩展阅读

晋江围头村实现股权质押融资

2017年10月，晋江市率先在全市成立村级股份经济联合社，用于盘活闲置土地，发展乡村旅游。随着村集体收入增加，持有集体资产投资份额的村民也有了可靠的保障。如何扩大村民手中投资份额的权能？围头村成为晋江的试点之一，围头村结合晋江致力于推进的农村集体产权制度改革，努力解决产权归属不清、成员界定不明、收益分配不顺等问题。

2018年5月16日，在

晋江市农村集体经济组织股权质押融资启动仪式上，围头村有10位村民共领到175万元的银行贷款。不同的是，获取贷款的担保物却是他们手中持有的"农村集体资产股权"，围头村也成为了首批实现股权质押融资的乡村，让改革红利变现，切实激发了"三农"的发展动力。

资料来源：节选自农民变股民、股权变现金，晋江开福建先河启动股权质押融资[EB/OL].[2018-05-16].http://finance.ifeugcom/a/20180516/16283746_0.html1.

思考题？

> 如果自己村里或者镇上有成立农民合作社，参加合作社的村民是否持有"农村集体资产股权"呢？

二、农户小额信用贷款

农户小额信用贷款采取"一次核定、随用随贷、余额控制、周转使用"的管理办法，发放贷款期限根据生产经营活动的周期确定，原则上不超过一年，因特大自然灾害而造成绝收的，可延期归还。农户小额信用贷款主要可以用于以下几个方面：种植业、养殖业等农业生产费用贷款；为农业生产服务的个体私营行为贷款；农机具贷款；小型农田水利基本建设贷款。

农户小额信用贷款借款人条件：农户或个体经营户，具有完全民事行为能力；信用观念强，资信状态良好；从事土地耕作或其他符合国家产业政策的生产经营活动，并有可靠收入；家庭成员中必须有具备劳动生产或经营管理能力的劳动力。

扩展阅读

足不出户，农户"扫码"就可以获得信用贷款

为了让农民实现足不出户，通过手机"扫码"就可以申请贷款的梦想，五常农商行举全行之力，在全市所有乡镇推行"互联网+小康大数据"工程。截至2018年末，五常市农户信息全部被纳入农商行"互联网+小康大数据"系统中，农户如果想申请贷款，只要扫"农商行二维码"，提出贷款申请，管户客户经理通过小康大数据系统检索，告知农户能够授信的额度、需要准备的资料，备齐资料的农户当天即可拿到贷款，既方便又节省时间，农户与银行之间真正实现"无缝对接"。据统计，自"互联网+小康大数据"工作推进以来，有近9000户农民通过手机"扫码"申请小额贷款，获贷比为100%，累计发放贷款4.5亿元。

资料来源：节选自石彦材，王丽萍. 支农支小不变心，五常农商行转型改制不改方向[N]. 黑龙江经济报，2019-01-10.

思考题 ？

➤ 了解一下本地金融机构农户小额信用贷款办理的相关流程，是不是也有"扫码"就可以办理的贷款业务呢？

三、农户保证贷款

农户保证贷款是指向农户发放的用于满足农业种植养殖或生产周期的短期贷款，由满足条件的自然人或公司提供保证担保，自然人可以是一个自然人或者多个自然人，一般要求自然人有固定职业或者稳定的收入，公司一般为专业农信担保公司等。农户保证贷款按照提供保证担保对象的不同，可以分为农户个人保证贷款、农户联保贷款以及农信担保公司担保贷款。

表2-3　农信保证贷款的种类

农户保证贷款的种类	主要特点	贷款要求
农户个人保证贷款	自然人提供保证	农户个人信誉良好
农户联保贷款	自愿组成联保小组	多个农户彼此相互担保
农信担保公司担保贷款	专业农信担保公司提供担保	需要同时经过银行和农信担保公司的审查

（一）农户个人保证贷款

农户个人保证贷款指向农户发放的用于满足其农业种植养殖或生产经营的短期贷款，由满足条件（有固定职业或稳定收入）的自然人提供保证。农户个人保证贷款的最高贷款额度一般为5万元，期限以月为单位，最短为1个月，最长为12个月，可以灵活选择多种还款方式。

（二）农户联保贷款

农户联保贷款是为解决农户贷款难、担保难而设立的一种贷款品种，由农户在自愿基础上组成联保小组，银行对联保小组成员发放，并由联保小组成员彼此相互担保、承担连带保证责任的贷款。

农户联保贷款实行个人申请、多户联保、周转使用、责任连带、分期还款的管理办法。农户联保贷款的基本原则主要包括多户彼此相互担保、对联保小组设置最大贷款额度以及按期还款。

扩展阅读

农户联保贷款助力农民致富

农户联保贷款可以方便快捷地为农民生产提供资金，成为农民生产中的好帮手。高坎镇党家村是一个淡水鱼养殖专业村，一些农户在养殖过程中由于缺少资金，一直以赊购饲料为主，生产成本较高；一些饲料加工企业每年也需要大量的周转资金，资金瓶颈一直限制着整个党家村产业水平进一步提高。

邮储银行向当地农户推荐农户联保小额贷款业务。短短5天时间，村里40多户养殖户按规定完备手续后，每户获得5万元贷款。拿到贷款的养殖户刘东感慨地说："过去我也到银行贷过款，手续繁杂不说，一次只能贷几千元，还要等上好长时间才能下来，邮储银行却只用了5天时间，贷款额度还这么高，真是咱们农民的

好帮手啊！"据刘东测算，养殖户用现金购买鱼饲料，每月可以节省成本300多元钱。有了资金支持，一些养殖户更新养殖品种，由过去的传统内销型养殖，转向出口专项养殖，不但顺利渡过难关，而且实现了效益

的提升。

资料来源：节选自孙守印，李书宏. "农户联保" 贷款助力农民致富 [N].营口日报，2019-11-11.

　　与农户个人保证贷款相比较，为什么农户联保贷款一般会更容易获得银行审批通过呢？

（三）农信担保公司担保贷款

　　农信担保公司担保贷款是指银行向农户及农业企业发放的用于日常生产、种植、经营等用途的由专业农信担保公司提供担保的贷款，贷款对象为农户及农业企业。

　　农信担保公司担保贷款的主要特点有：银行与农信担保公司合作，对申请人进行共同调查，共同授信；在同等条件下，由农信担保公司提供保证的客户贷款利率比同等普通客户利率优惠10%及以上；如贷款出现风险，根据双方合作协议，农信担保公司承担约定比例的风险责任；贷款期限一般不超过1年，根据借款人的生产经营周期而定；具体发放贷款金额视借款人生产经营规模、自有资金情况而定。

　　办理农信担保公司担保贷款的大概流程为：客户向银行和担保公司提交书面申请及相关基础资料；担保公司根据相关规定进行调查和评审，同意后出具担保意向通知书；银行收到担保公司担保意向书后，对相关借款进行调查和评审；对于符合条件的客户，银行、担保公司、客户签订有关合同；发放贷款。

特色农贷助推农村新发展

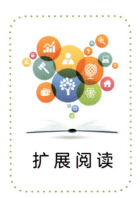

扩展阅读

在大力支持农业信贷的政策指导下，各地均出现了农业信贷融资担保公司与各银行合作推出的惠农担保贷款产品，这些特色农贷产品助推农村实现新发展。湖南省农业信贷融资担保有限公司（以下简称湖南农担）于2017年3月改组成立，截至2018年底，湖南农担农业项目达4639个，在保余额达40.06亿元。湖南省农业信贷融资担保有限公司与合作银行推出的几款"惠农担"产品有以下几种。

1.惠农担—粮食贷

目的：扶持新型粮食生产经营主体快速、健康发展，有效解决新型粮食生产经营主体融资难、融资贵问题。

特点：种植大户、家庭农场、农民合作社和小微农业企业等新型粮食生产经营主体均可以申请，贷款可用于购买稻种、农药、化肥，购置农机具和流转土地，以及其他辅助材料，要求粮食种植土地流转面积一般不低于100亩。

2.惠农担—茶油贷

目的：为茶油产业经营主体提供更具针对性、更贴合行业性质、更适合茶油种植及产业特性的担保贷款产品。

特点：贷款期限最长不超过10年，还本宽限期最长不超过5年。贷款要求油茶种植土地流转面积一般不低于100亩，优良品种种苗培育基地（标准化苗床）面积一般不低于20亩。

3.惠农担—生猪贷

目的：为生猪养殖类经营主体提供更具针对性、更贴合行业性质、更适合生猪养殖和繁育特性的农业类信贷担保产品。

特点：贷款主要用于购买种猪、仔猪、购置工具、设备、猪舍建设、劳务支出及从事生猪养殖有关的事项。要求具有适度生产经营规模，生猪存栏数在250头以上。

4.惠农担—特色贷

目的：扶持湖南省内特色优势农业产业快速健康发展。

特点：产品可以根据各地的特色优势农业产业进行定制化设计，贷款主要可用于购买生产原料、工具、设备、劳务、生产设施建设及其他与生产经营有关的事项。

资料来源：节选自湖南省农业信贷融资担保有限公司官网产品介绍栏目。

思 考 题

> 走访家里或学校附近的贷款金融机构，看他们有没有特色农贷产品，是如何办理的?

四、农户抵押贷款

农户抵押贷款是银行发放的，以农户提供其本人或第三人名下的财产作为抵押担保而发放的农户贷款，贷款期满后，如果借款方不按期偿还贷款，银行有权将抵押品拍卖，用拍卖所得款偿还贷款，拍卖款清偿贷款的余额归还借款人。农户抵押贷款中最常见的为农村"三权"抵押贷款。

农村"三权"抵押贷款，是指农户将手中的宅基地、林权、承包土地经营权进行确权评估，然后将"三权"进行抵押办理的贷款。农户向银行申请抵押贷款获准后，农村居民房屋抵押登记由所在区县房管局负责办理，林权抵押登记由所在区县林权登记机构负责办理，土地承包经营权抵押登记由所在地的农业委员会负责办理。

表2-4　农户抵押贷款的种类

农户抵押贷款种类	抵押财产	抵押登记机构	贷款要求
农房抵押贷款	农村居民住房产权	房管局	依法取得房地产权证或集体土地使用证和房屋所有权证
林权抵押贷款	农户林权	林权登记机构	依法取得林权证
土地承包经营权抵押贷款	承包土地的经营权	农业委员会	依法取得农村土地承包经营权证

（一）农房抵押贷款

农房抵押贷款是指用农户居民房屋产权抵押发放的贷款，贷款对象为具有完全民事行为能力的农村居民。

农房抵押贷款原则上用于种植业、养殖业、林业、渔业、农副产品加工流通、个体经营等项目，以及围绕农业服务产业的资金需求。

申请用于抵押的农村居民房屋应具备的基本条件：属于借款人自己的房屋，房屋处所应与借款人户口所在地一致，且依法取得房地产权证或集体土地使用证和房屋所有权证；抵押物所在村（居）委员会作出的同意土地使用权随住房抵押，抵押权实现时同意处置、转让的承诺或决议；承诺设定抵押的房屋在依法偿债后有适当的居住场所；房屋状况良好，无权属纠纷，已使用年限原则上不超过15 年；原则上是位置较好、交通便利，或房屋占地面积较宽、处置后易于复垦的；房屋评估价值在3万元（含）以上；用于抵押房屋所占用的土地应与房屋一并抵押。

扩展阅读

抵押贷款让农民不动产"动起来"

"感谢滑县中银富登村镇银行，如果没有他们提供的农房抵押贷款，我的果园支撑不到今天"。2018年9月16日，河南省滑县慈周寨镇高庄村村民王宗平说，"明年，我果园的苹果就能挂果了"。

王宗平一家六口人，家里主要靠种十亩地维持生活，去年儿子结婚，不仅花光了家里的积蓄，还借了7万元。王宗平想贷款种苹果树提高收入，但苦于没有可抵押的东西，也找不到担保，一时陷入困境。当他听说可以用家里的房屋抵押贷款时，就找到中银富登

村镇银行，用家里的五间房作抵押，如愿拿到了6万元贷款。

滑县留固镇温庄村村民张守军说："我也是农房抵押贷款试点的受益者，去年我养猪进饲料缺少资金，家里提供不出合适的抵押物，又找不到合适的担保人，正巧村里来了宣讲团，讲解农房抵押贷款政策。趁着农房测绘的优惠政策，我办理了自建房的不动产证，不到两周就得到了8万元的贷款，这样的贷款真是我们致富的好帮手！"

资料来源：节选自董昕. 滑县农村住房可以抵押贷款啦[EB/OL].
[2018-09-28]. http://jr. hnhx. gov.cn/info/3050/2220. htm.

思 考 题

> 了解一下家里的房屋是否已取得房地产权证或集体土地使用证
> 和房屋所有权证？给家人讲解一下农房抵押贷款政策吧。

（二）林权抵押贷款

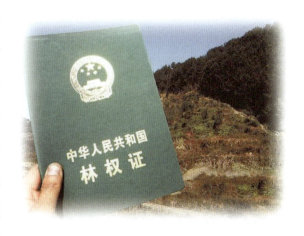

林权抵押贷款是指将农户
的林权抵押给银行发放的贷
款，贷款对象是各类农村经济
组织、个体工商户及具有中国
国籍的完全民事行为能力的自
然人。林权抵押贷款需要有银
行认可的本人或第三人的林权
资产作为抵押物，并具有县级
及以上人民政府颁发的全国统一式样的林权证。

申请用于抵押的林权应该具备的基本条件： 家庭承包或流转方式取
得的集体林地承包经营权、林木所有权；用材林、经济林、薪炭林等商
品林的林木所有权、使用权及其林地使用权；用材林、经济林、薪炭林
的采伐迹地、火烧迹地的林地使用权；一般公益林的林木所有权、使用
权及其林地使用权；法律法规及国务院规定的其他林权。

扩展阅读

抵押贷款让林权"活起来"

"我种了十几年树，林改后通过林权抵押贷款发展蔬菜大棚，每年收入十六七万元，这是以前连想都不敢想的事。"江苏省盱眙县河桥镇三元村农民张井季感慨地说。随着林权制度改革深入推进，林权抵押贷款在盱眙县快速发展，林农以用材林、经济林等商品林的林地使用权和林木所有权为抵押进行贷款，有效缓解了农民贷款难的问题，使"沉睡"的森林资源变成了可以抵押变现的"活资产"，活了林权、富了林农、绿了群山。

走进张井季的蔬菜大棚时，他正在给蔬菜施肥，双手沾满泥巴。张井季家有2000棵杨树，2008年他准备建蔬菜大棚时，由于缺少资金，用林权做抵押贷款6万元，再加上积蓄10万元，建起了17个蔬菜大棚。后来，他又两次用林权做抵押贷款，扩大生产规模，现在共有47个蔬菜大棚。张井季的经历是盱眙县实施林权抵押贷款盘活森林资源的一个缩影。盱眙县农村合作银行是最早参与林权抵押贷款的银行，现在成了林农的"娘家"。

"有了林权证，贷款非常方便，拿着林权证、身份证和结婚证，到银行提出

林权抵押贷款 对农民帮助太大了!

申请，就可以贷到款。"张井季说。

林权抵押贷款为缺乏融资渠道的农民及时提供了发展资金，弥补了小额农贷数额小的不足。随着林权抵押贷款逐渐开展，农民的致富路被大大拓宽。据了解，盱眙县林权抵押贷款的用途主要有以下几种：一是用于林业再生产，二是用于创办企业，三是用于发展养殖业和蔬菜大棚等，四是发展交通运输业，五是用于改善居住条件。

资料来源：节选自刘慧. 抵押贷款让林权活动起来[EB/OL]. [2012-04-11]. http://finance. ce. cn/rolling/201204/11/t201204//_16857384. shtmL? id=Ougbi.

思 考 题

> 张井季办理林权抵押贷款主要用于蔬菜大棚建设及扩建，想想看张井季还可以将贷款用于哪些方面呢？

（三）土地承包经营权抵押贷款

土地承包经营权抵押贷款是指以农户承包土地的经营权作为抵押物发放的贷款。

用于抵押的土地应具备的条件： 依法取得农村土地承包经营权证；同意农村土地承包经营权抵押的书面证明；通过转包、出租等流转方式取得的土地承包经营权抵押时还应提供农村土地承包经营权流转合同，原承包方出具同意抵押的书面证明；农村土地承包经营权剩余年限不少于5年；具备持续生产能力的果园、养殖场、农业种植基地，现代休闲农业等较高价值的农村土地；农村土地承包经营权产权关系清晰，符合"依法、自愿、有偿"的土地流转原则。

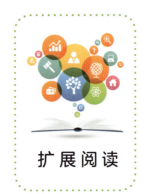

扩展阅读

抵押贷款让土地资产"醒过来"

　　2018年6月7日上午，安徽省涡阳县曹市镇骑路口村。张华开着打捆机对小麦秸秆进行打捆，一堆堆秸秆像豆腐块一样，散落在刚刚收割的上百亩麦田里。张华是骑路口村村民，5年前流转了一百多亩土地，成立了家庭农场，种植小麦、大豆等粮食作物。由于前期投入较大，张华在2016年购买农机设备时，遇到了流动资金不足的难题，于是他向涡阳农商银行曹市支行求助。

　　"银行工作人员告诉我，用土地经营权作为抵押，也可以申请贷款了，放款速度快，利息低。"张华说，他在工作人员的帮助下顺利办理了贷款手续。几天后，张华领到了5万元贷款，随后购买了两台拖拉机和两台打捆机。"这种贷款方式好，给我们解决了资金上的大问题。"张华说，真没想到用土地经营权作为抵押也可以贷款，而且利息还比较低。

　　让张华更没想到的是，他成了涡阳县"第一个吃螃蟹的人"。他成功申请的5万元贷款，是涡阳县农商银行发放的第一笔土地经营权抵押贷款。土地被唤醒，农民劲头足。从2016年开始，越来越多有创业打算的农户开始和涡阳农商银行打交道，用土地经营权作为抵押，从银行贷款发展种植、养殖等项目。

资料来源：节选自涡阳农商银行发放贷款23000多笔，解决了2万多农户的创业资金紧张问题[EB/OL]. [2018-06-25]. http://www.sohu.com/a/237855334_209508.

思 考 题

> 土地承包经营权抵押贷款需要准备哪些资料呢？办理贷款的主要流程包括哪些呢？

五、农村个人生产经营贷款

　　农村个人生产经营贷款是指对农户家庭内单个成员发放的，用于满足其从事规模化生产经营资金需求的大额贷款，单户贷款额度不得超过所从事生产经营项目投入总额的70%。农村个人生产经营贷款只能用于农、林、牧、渔等农业生产经营活动和工业、商业、建筑业、运输业、服务业等非农业生产经营活动。

　　农村个人生产经营贷款中常见的为农业大户贷款。农业大户贷款是指银行向家庭农场（专业大户）等新型农业经营主体发放的个人生产经营贷款。农业大户贷款最高贷款额度根据担保方式不同而有区别，信用贷款单笔最高为5万元，保证贷款单笔最高为50万元，抵（质）押及法人保证

贷款担保金额最高为500万元，贷款期限最长为24个月。

农业大户贷款的适用对象为：年龄在20周岁（含20周岁）至60周岁（含60周岁），具有完全民事行为能力的自然人；具有当地户口或在当地连续居住1年以上；必须已婚（含离异、丧偶），家庭成员中有两名（含两名）以上的劳动力；应从事符合国家产业政策的生产经营活动，且应连续正常经营1年以上（含1年）；贷款用途正当、合理，有一定的自有资金和经营管理能力，有一定的农业生产经营能力，有稳定的土地供给，有生产经营风险保障机制，有稳定的销售渠道。

扩展阅读

30万元贷款"很解渴"

家住滕州市龙阳镇的王龙，经营一家养殖规模超过1000头的生态养猪场。2001年，他从父辈手里接过来这份"家业"，改良养殖技术，办起了生态养殖。最近，他可谓是"喜事连连"：母猪产仔，新增了200多头小猪仔；自己的肉店开张，实现了产销一体化经营；另外，他还拿到了邮储银行30万元的贷款，解决了流动资金周转难题。

"非常感谢邮储银行，这30万元的贷款，可真是解了我的燃眉之急啊！"王龙说，"我一直琢磨在本地开家猪肉店，销售自己生态养猪场出产的猪肉，终于在今年5月份，猪肉店顺利开张。但是，钱都投资到猪肉店上了，存栏的肉猪还没卖出去，造成我短期进购饲料的资金比较困难。"

王龙申请的这笔贷款，正是邮储银行2014年新推出的农业大户贷款，贷款对象主要是从事种植、养殖、种养结合、农产品收购、加工及与农业相关的经营服务等行业达到一定规模的家庭农场、农民专业合作社和专业大户。

资料来源：节选自邮储银行：家庭农场（专业大户）贷款解民忧[EB/OL]. [2015-08-10]. https://shrb. qlub.com. cn/shrb/content/20150810/Articels2006JQ.htm.

> 了解一下你家附近有没有农业大户，他们从事哪项农业经营服务呢？这些农业大户有没有办理过银行贷款？给他们讲解一下农业大户贷款的相关知识吧。

六、个人创业贷款

个人创业贷款是指具有一定生产经营能力或已经从事生产经营的个人，因创业或再创业提出资金需求申请，经银行认可有效担保后而发放的一种专项贷款。 个人创业贷款也可以分为很多类，包括专门针对妇女的巾帼创业贷款、专门针对渔民的转产创业贷款、专门针对返乡农民工的创业贷款等。

巾帼创业贷款是指为支持城乡妇女创业而发放的贷款。贷款目的是支持和引导广大城乡妇女自主创业、增收致富、创新发展。贷款额度一般不超过20万元，贷款期限一般不超过1年，最长不超过3年。实行贷款利率优惠政策，比同档次贷款利率少上浮10%。贷款建立绿色通道，在法律要素齐全和规范操作的前提下，简化贷款手续，实行"一次授信，周转使用"的方式。

渔民转产创业贷款是针对转产渔民发放的满足其创业资金需求的贷款，针对海洋渔业行业的不景气，部分渔民转产创业，金融机构对他们在转产创业中的资金需求给予信贷支持。

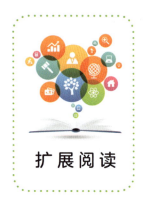

扩展阅读

创业担保贷款助农民工返乡创业

2018年，泸水市六库镇向阳社区居民刘松走上了创业路。刘松用创业担保贷款的10万元，带着4个农民工在六库新城区人流密集街市开了一家酸汤牛肉火锅店，生意红火。刘松当兵退役后，在北京务工学技术多年，一直想自己开一个店。2018年，怒江傈僳族自治州人力资源和社会保障局实施的"贷免扶补"及创业担保贷款政策，助他梦想成真。"3年后就可以还清贷款"刘松开心地说。

云南怒江傈僳族自治州积极出台政策，以财政全额贴息的方式，全力实施"贷免扶补"及创业担保贷款，切实解决农民工返乡创业资金短缺难题，助力农民工返乡创业。2018年，怒江州共发放创业贷款4950万元，带动就业1023人。

资料来源：节选自怒江：创业担保贷款助农民工返乡创业[EB/OL]. [2019-02-26]. http://www.yn.Xinhuanet. com/newscenter/2019-02-26/c_137851092. htm.

了解一下本地有没有类似的针对返乡农民工的创业贷款呢？贷款的条件及相关政策是哪些呢？

七、个人消费贷款

个人消费贷款是银行发放的用于个人消费的贷款，主要包括个人住房贷款、汽车消费贷款、国家助学贷款、耐用品消费贷款等。

个人消费贷款种类	贷款金额	贷款期限	贷款可解决的问题
个人住房贷款	不超过房屋总价或大修房屋总价的80%	最长不超过30年	购买自用普通住房或建造新农村住宅
汽车消费贷款	不超过所购汽车售价的80%	一般为1至3年，最长不超过5年	购买汽车
国家助学贷款	本专科生每人每学年最高不超过8000元，研究生每人每学年最高不超过12000元	最长期限为20年	专门帮助非义务教育学习阶段贫困家庭学生，包括学费和生活费等在校费用
耐用品消费贷款	不低于人民币3000元，最高不超过人民币5万元	最长不超过3年	购买家用电器、电脑、家具、健身器材、卫生洁具、乐器等

（一）个人住房贷款

个人住房贷款是指银行向借款人发放的用于购买自用普通住房的贷款，贷款最高金额一般不超过房屋总价或大修房屋总价的80％，贷款期限一般最长不超过30年。

目前金融机构对商业性个人住房执行的是差别化信贷政策，对于购买首套住房的家庭，贷款首付款比例不得低于30％，贷款利率不得低于相应期限LPR[①]；对于购买第二套住房的家庭，贷款首付款比例不得低于50%，贷款利率不得低于相应期限LPR加60个基点；对贷款购买第三套及以上住房的，贷款首付款比例和贷款利率相应大幅度提高，具体由各商业银行根据风险管理原则自主确定。

"新家园"农户住房贷款

扩展阅读

　　"新家园"农户住房贷款是对新农村统一规划建造住宅时，因缺少资金而无力支付购房款的农户发放的贷款。贷款对象为拆迁农户及新农村建设规划范围内的农户。

　　"新家园"农户住房贷款的办理流程为：首先，农户凭拆迁相关证明及经政府有关部门批准的建房手续向银行提出融资申请；其次，银行根据相关规定进行贷款审查审批；最后，银行与借款人签订合同文本及借款凭证，办理贷款手续。

　　"新家园"农户住房贷款的特点主要有：贷款资金实行"部分自筹、有效担保、专款专用、按期偿还"的原则；贷款额度最高为所购住房全部价款的50%；贷款期限最长为5年；贷款的担保方式灵活，一般采用保证方式，部分贷款也有抵押担保的方式；贷款款项将直接划入借款人的专用账户，专门用于支付所购住房款项。

---

① LPR（Loan Prime Rate）：贷款基准利率，是指金融机构对其最优质客户执行的贷款利率。

思 考 题

> 小明家准备申请"新家园"农户住房贷款，所购住房全部价款为 45 万元，请问小明家最多可以申请多少贷款呢？贷款是否还有期限等其他限制条件呢？快帮小明出出主意吧。

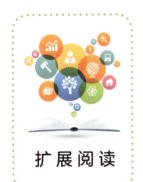

扩展阅读

农户购建房贷款，圆了山民住房梦

现代家具，欧式地毯，楼上楼下。"我做梦也不会想到自己能住进这么宽敞、明亮的大房子里，农户住房贷款真是及时雨啊，解决了我购买安置房的资金难题。"揣着刚刚办妥的11.5万元农户购建房贷款，住着新房，邢仲达难掩内心的激动。

邢仲达是长乐镇大昆村的村民，兄弟俩挤在祖上留下的两间半泥土房中。"冬天风从木窗子里呼呼往里钻，夏天外面下大雨，屋内漏小雨。"说起过去的生活，56岁的邢仲达记忆犹新。去年，当地镇政府实施新农村建设规划，对涉及拆迁的31户村民，希望他们移民下

山，迁移到镇上统一安置的住房内。"除了政府补贴，自己还要出一部分钱，20多万元对于我们山民来说并不是一个小数字。"由于一时的资金不足，美好愿望眼看难以实现。正在邢仲达犯愁之际，农业银行嵊州支行的"农户购建房贷款"伸出援手，帮他解了燃眉之急。"现在住上了95平方米的两层小楼，就医、购物都方便了，以后儿子娶老婆都容易了。"邢仲达笑着说。

据了解，只要符合新农村规划的要求，信誉良好且具有一定还款能力的农户都可申请农户购建房贷款，贷款额度按小于等于房价的50%予以发放，利率还有优惠。针对农民收入不稳定的现状，农户可灵活选择还款方式，一个月、一个季度或者半年还贷都可以。

资料来源：节选自农行"农户购建房贷款"圆了山民住房梦[EB/OL].[2012-03-13]. http://sznews. zjol.com.cn/sznews/system/2012/03/13/014827357.shtml.

💡 **思 考 题** ❓

➡️ 根据邢仲达办理的 11.5 万元农户购建房贷款，推算一下他的房子价值最少是多少呢？

（二）汽车消费贷款

汽车消费贷款是银行对在其特约经销商处购买汽车的购车者发放的一种人民币担保贷款，汽车消费贷款额度一般不超过所购汽车售价的80%，贷款期限一般为1至3年，最长不超过5年。

汽车消费贷款申请步骤与手续：提交车贷申请；银行进行贷前调查与审批；经过审核，符合条件的申请人需填写相关合同、办理抵押登记及保险等手续；银行发放贷款；借款人凭银行开具的提车单办理提车手续。

（三）国家助学贷款

国家助学贷款是由政府主导、财政贴息，银行、教育行政部门与高校共同操作的专门帮助高校（非义务教育学习阶段）贫困家庭学生的银行贷款。 借款学生不需要办理贷款抵押或担保，但需要承诺按期还款，并承担相关法律责任。

国家助学贷款申请金额原则上全日制本专科生每人每学年最高不超过8000元，全日制研究生每人每学年最高不超过12000元。国家助学贷款利率执行中国人民银行同期公布的同档次基准利率，贷款学生在校学习期间的国家助学贷款利息全部由财政补贴，毕业后的利息由贷款学生本人全额支付。贷款最长期限为20年，还本宽限期为3年，宽限期内只需要还利息、不需要还本金，宽限期后按照约定归还本金。

国家助学贷款申请对象为普通高等学校全日制本专科生（含高职生）、第二学士学位学生和研究生，同时具备以下条件可以申请国家助学贷款：家庭经济困难；具有中华人民共和国国籍，年满16周岁的需持有中华人民共和国居民身份证；具有完全民事行为能力（未成年人申请国家助学贷款须有其法定监护人书面同意）；诚实守信，遵纪守法，无违法违纪行为；学习努力，能够正常完成学业。

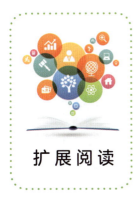

扩展阅读

贷款助力寒门学子圆梦大学

2018年高考成绩公布，一些即将进入大学的寒门学子开始为筹集学费发愁。现在，许多符合相关条件的贫困大学生正通过国家开发银行生源地助学贷款这一惠民政策圆自己的大学梦。阳鹏是2018年刚考上大学的学生，她办理了国家开发银行生源地助学贷款。说起助学贷款办理，阳鹏说"递交相关资料、填表，不到五分钟，我的助学贷款手续就办理完毕了。"

国家助学贷款具体流程主要包括：填写贷款申请表，到所在社区或村委会盖章，学生本人和共同借款人（一般为父母或监护人）携带身份证、贷款申请表、户口簿和录取通知书到区或县教育局资助中心办理贷款手续。

扩展阅读

国家助学贷款违约的影响

助学贷款违约影响购房贷款。2005年郭先生在校期间向国家开发银行申请并获得助学贷款5000元，毕业后到外地工作。2010年，郭先生申请购房贷款遭到拒绝，原因是征信系统显示其助学贷款利息已逾期两年。于是他赶忙提前结清5900元的贷款本息，但现行《征信管理条例》规定该记录将被保留五年，这五年里郭先生申请任何贷款都将受到更严格的审核，需要提供更严格的还款能力和资产证明，并无法享受任何银行的优惠措施。

不偿还贷款被起诉。2002年，就读于安徽高校的14名大学生与银行签订了国家助学贷款借款合同，获得2000元至12000元不等的助学贷款。但是，14名同学在完成学业后，既没有偿还助学贷款，也没有与银行签订补充合同和告知新的联系方式，导致银行无法催缴助学贷款，不得不通过法律途径向14名被告人追讨贷款本金及利息7万余元。

思 考 题

> 总结一下贷款违约还会影响个人生活的哪些方面？

（四）耐用消费品贷款

耐用消费品贷款是指银行向借款人发放的用于支付其购买耐用消费品的人民币贷款。 耐用消费品是指单价3000元以上，正常使用寿命在2年以上的家庭耐用商品（住房、汽车除外），包括家用电器、电脑、家具、健身器材、卫生洁具、乐器等。耐用消费品贷款额度一般不低于人民币3000元（含3000元），最高不超过人民币5万元（含5万元），贷款最短期限为半年，最长不超过3年（含3年）。

八、其他贷款产品

（一）银行线上贷款产品

随着互联网科技的发展，银行贷款产品也逐步由线下转移到了线上办理，客户可以直接通过手机等线上渠道申请贷款，不再需要经过复杂的填写资料、签署合同、面谈面核等相关过程。

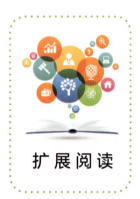

扩展阅读

黔农e贷：开启7×24小时信贷服务新模式

2017年7月19日，贵州省农村信用社联合社首个互联网金融服务平台——"助农脱贫·黔农e贷"正式上线。贵州省的农户安装签约"黔农e贷"后，在家就可以通过手机自主贷款了。截至2018年3月22日，通过"黔农e贷"平台累计发放87.33万笔，金额473.87亿元，其中农户贷款60.96万笔，金额315.59亿元，占比达66.60%。

石厚宜是黔东南州榕江县平江镇巴鲁村三组人，2013年就外出务工的他，已经厌倦打工生活打算回乡创业。看到家里的绿水青山，石厚宜想利用本地的自有资源发展绿色养殖，并带动村民一起发展，于是石厚宜与村民合伙成立了专业养殖合作社，但周转资金不足阻碍了合作社的发展。

当2017年末看到农信社张贴在村里的"黔农e贷"宣传单时，石厚宜通过扫码了解"黔农e贷"，并注册及预约贷款，随后便接到农信社客户经理的电话，告知他带上资料到平江农信社办理预约的贷款。通过评级授信，利用"黔农e贷"贷款30万元，石厚宜购进本地小黄牛60余

头，经绿色养殖育肥后，销售获利10万余元，并带动20户贫困户一起致富。此时，村民看到了经济效益，纷纷表示愿意加入合作社一起发展。

资料来源：节选自黔农e贷：开启7×24小时信贷服务新模式[EB/OL].[2017-07-19]. http://www. cankaoxiaoxi. com/society/20170719/2200657. html.

思 考 题

➤ 安装某个银行的 APP，查找 APP 中贷款业务栏目在哪里，看看里面有哪些贷款产品？

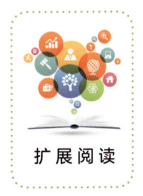

扩展阅读

"微粒贷"

"微粒贷"是国内首家互联网银行腾讯微众银行面向微信用户和手机QQ用户推出的纯线上个人小额信用循环消费贷款产品，采用用户邀请制，受邀

客户可以在手机QQ的"QQ钱包"内以及微信的"微信钱包"内看到"微粒贷"入口，并可获得最高30万元借款额度。用户只需要绑定银行卡，就能一键点击"借钱"，系统会在几秒钟之内判断个人信用情况，并给出一定的额度。无须任何抵押物，根据相应提示填写信息，就能在线完成借款。但是需要注意，点击"微粒贷"额度，系统就会查询个人的征信情况，所以不需要贷款的时候尽量不要去随便点击查询。

（二）农投小额贷款公司产品

农投小额贷款公司是指经主管部门批准，拥有小额贷款业务牌照，在其所属的行政区域内开展"三农"小额贷款业务的企业，他们的产品主要包括优农贷、房押贷、车险贷、"公司+农户"个性化供应链服务等。

小额贷款公司贷款办理的基本流程为：借款人提交申请表，小额贷款公司与借款人进行洽谈，了解客户的基本情况并收集相关资料，小额贷款公司内部审核，签署各项相关借款合同及办理抵押证等法律手续，最后是小额贷款公司放款。

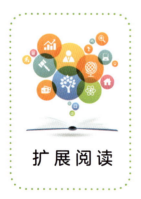

扩展阅读

办理小额贷款时需谨防上当受骗

在办理小额贷款时，要注意如下几个方面。

一是验明小额贷款公司的营业执照、贷款业务资质以及工作人员的工作证明等，其中营业执照真伪及有效期、贷款业务资质等（经营范围）可以在工商部门或者通过"企查查""启信宝"等第三方查询平台进行确认。

二是对于那些声称门槛低、放款速度快，且利息极低的小额贷款公司，更需要多加留心和防范，骗子一般只留下手机号码、QQ等信息，一般不会留下座机及地址，如果有留下，也可以验证其真实性。

三是骗子往往要求借款人预先转账支付保证金、手续费、首月利息等名头的款项，等到借款人打款后再与之联系，对方早已"开溜"，无法取得联系。

思 考 题 ❓

> 红红最近资金紧张，她在网上找到了一个自称为小额贷款公司的客服人员，通过简单的聊天就说可以借给红红 10000 元，但需要红红先往某个人账户上转账 1000 元作为贷款保证金，请问红红应该支付这笔保证金吗？红红如何辨别她找的客服人员是真是假呢？

第 **3** 章

申请贷款三步走

身边的故事

　　浩然是某小学六年级学生，从小跟着爷爷奶奶一起在乡下生活，浩然的爸妈则常年在外打工以补贴家用。正逢春节，浩然的爸妈从外地回来，商量着在不远的城镇上购买一套商品房，既改善当下的住房环境，又方便浩然去镇上读初中。近几年，虽然浩然爸妈在外打工攒了些积蓄，但也不够全额支付买房的钱，这该怎么办呢？邻居王爷爷的女儿给浩然家出了一个主意：可以去银行贷款买房！浩然爸妈平时去银行只是存钱取钱，从来没有办理过贷款业务，抱着试试的心态，他们到银行向客户经理咨询，在了解房贷办理手续后，他们积极配合，很快贷款就批下来了，浩然家开启了全新的生活。

　　强强纸业有限公司是一家造纸厂，由于产品品质好，销量一直不错，年

底造纸厂接到了一笔大的订单，现有的设备已经无法满足这么大的订单需求，急需采购一批新的进口设备，可是，采购设备的钱从哪里来呢？强强纸业的老板李强想到，建厂初期购进第一批设备就是在银行申请了贷款，后来随着纸厂的经营情况越来越好，盈利能力越来越强，渐渐归还了银行贷款。这次因为订单时间紧迫，李强马上向银行提交了贷款申请与贷款的相关资料，贷款申请通过后，银行的工作人员也对造纸厂进行了实地调查，对公司和李强本人的信用情况进行了审查，审核通过后，李强与银行签订了相关合同，终于拿到了银行的贷款，进口设备买回来了，订单也如期交付了。李强高兴地说："等明年，再买一块地，建一个厂房，把造纸厂办得更加红火！"

思 考 题？

> 浩然家和强强纸业有限公司申请的分别是什么贷款产品呢？

现实生活中能全款买房的人是少数，像浩然家一样，绝大部分购房的家庭都需要贷款，而房贷手续不像去银行取钱那样简单，那么，办理房贷的流程是怎样的呢？

李强通过银行的贷款，顺利做大、做强了自己的造纸厂，那么从向银行提出申请到成功获得贷款，中间需要经历哪些步骤？

其实，贷款的流程很简单，无论是个人贷款还是公司贷款，都离不开三个主要步骤，即借款人提出申请、贷款人进行审查、贷款发放。在实际操作流程中，不同的贷款流程有所区别，因此，本章以贷款主要流程的三个步骤为主线进行讲述，并针对个人贷款和公司贷款的差异进行知识扩展，同时涵盖小额贷款、线上贷款和农户贷款等流程特点的知识补充。

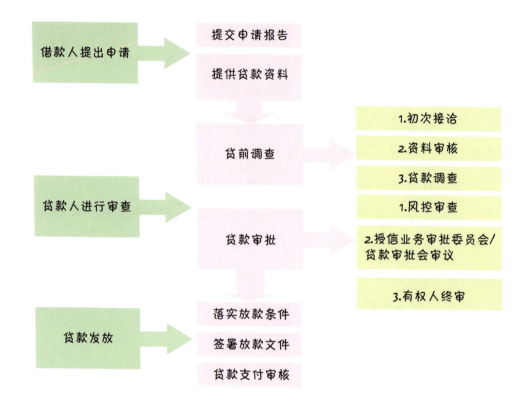

一、借款人提出申请

申请贷款的第一步是借款人提出申请，主要包括考量自身是否满足贷款条件、提交申请报告以及提供贷款资料。

（一）满足贷款条件

事实上，申请个人贷款和公司贷款均需要借款人满足一定的条件，其中基本条件如下：

1. 个人贷款申请的基本条件

借款人为具有完全民事行为能力的中华人民共和国公民或符合国家有关规定的境外自然人；贷款用途明确合法；贷款申请数额、期限和币种合理；借款人具备还款意愿和还款能力；借款人信用状况良好，无重大不良信用记录；贷款人要求的其他条件。

2. 公司贷款申请的基本条件

符合国家的产业、行业政策，不属于高污染、高耗能的小企业；企业在各家商业银行信誉状况良好，没有不良信用记录。具有工商行政管理部门核准登记，且年检合格的营业执照；有必要的组织机构、经营管理制度和财务管理制度，有固定经营场所，合法经营，产品有市场、有效益；具备履行合同、偿还债务的能力，还款意愿良好，无不良信用记录，信贷资产风险分类为正常类或非财务因素影响的关注类；企业经营者或实际控制人从业经历在3年以上，素质良好、无不良个人信用记录；企业经营情况稳定，成立年限原则上在2年（含）以上，至少有一个及以上会计年度财务报告，且连续2年销售收入增长、毛利润为正值；符合相关的行业信贷政策；能遵守国家金融法规政策及银行有关规定。

这些是个人或公司申请贷款的基本条件，针对不同的贷款产品，贷款条件有所不同。例如，某城市商业银行推出的公司贷款产品"税e贷"，采取线上申请的形式，专门对纳税情况良好的中小企业发放贷款，申请条件是连续2年纳税金额在1万元以上，纳税等级在C级以上，纳税逐年递增且无不良信用情况。申请这样的贷款产品不需要对财务报表情况进行严格审查。通常情况下，银行会针对客户的实际情况为客户选择合适的授信方案和贷款产品给予资金支持。

（二）提交申请报告

借款人首先要思考自身是否具备贷款基本条件，贷款是用于什么方面。可以根据以上两点向银行提出贷款申请，银行会根据借款人的实际情况选择适合的贷款类型，提交贷款申请报告，或按银行要求填写贷款申请书。申请基本内容通常包括:借款人名称，企业性质，经营范围，申请贷款的种类、期限、金额、方式、用途，用款计划，还本付息计划等，并根据贷款人要求提供其他相关资料。

（三）提供贷款资料

1. 个人贷款基本资料

证件资料：借款人及配偶身份证、房产权利人及配偶身份证、借款人及房产权利人户口簿、借款人及房产权利人结婚证。

资产证明资料：个人资产证明，如房产、汽车、股票、债券等；个人近六个月或一年的银行流水，如果是抵押贷款的客户，需要出具抵押物的产权证。

2. 公司贷款基本资料

基本证照资料：企业营业执照、组织机构代码证、开户许可证、公司章程、验资报告、贷款卡。

资产情况资料：近3年的年报、最近3个月财务报表，公司近6个月对公账单；经营场地租赁合同及租金支付凭据，近3个月水、电费单；近6个月各项税单，已签约的购销合同（若有）；企业名下资产证明。

抵质押物资料：如果是抵押贷款的客户，需提供抵押物、质押物清单和有处分权人的同意抵押、质押的证明及保证人拟同意保证的有关证明。

项目贷款资料：如果是项目贷款需提供项目立项批复、可行性报告、环境评估批复（如有）；银行认为需要提供的其他有关资料。

无论是个人贷款还是公司贷款都需要良好的信用记录，包括但不限于征信查询和法律涉诉情况查询。征信报告可以登录人民银行征信中心网站查询。

人民银行征信中心网站：http://www.pbccrc.org.cn/。

法律查询网站：裁判文书网http://wenshu.court.gov.cn/、被执行人网http://zhixing.court.gov.cn/search/。

结合实际情况，借款人应当根据申请的银行不同、产品不同，咨询银行客户经理沟通所需准备的资料。

二、贷款人进行审查

（一）贷前调查

1. 初次接洽

银行与客户接洽，进行方案沟通与谈判，也就是银行与客户就授信金额、品种、期限、价格、担保方式等方面敲定初步方案。随即，银行会开始做贷前调查，搜集相关资料，包括客户基本资料、关联企业基本资料、项目基本情况、发展前景、政策或行业环境、担保人或抵押物的资料等。

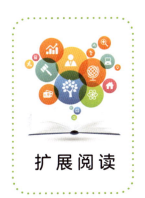

扩展阅读

船王成功获贷的小故事

有一个这样的故事，在中国航运史上有一位"船王"，他创业之初，是向朋友借钱，买了一条破船，然后，用这条船抵押给银行办理贷款，贷款发放下来后，再买第二条船。然后，他再用第二条船作抵押进行贷款，去买第三条船。他就是采取这种"抵押贷款"的办法，滚动发展起来的。有一次，他竟然不用抵押现有的船只，便让银行出资为他买下了一艘崭新的轮船。那么，他是怎样做到的呢？

船王到银行找信贷主任谈判，他说："我在日本订购了一艘新船，价格是100万元，同时，一家日本的货运公司要租我的船，我和货运公司签订了一份租船协议，每年他们付给我75万元租金，您现在贷款给我买下这艘新船，我拿两年的租金就可以将贷款还给您，我想请贵行支持一下。"信贷主任回复说必须有担保方式。他说他用租他船的货运公司从银行开的信用证明做担保。不久，银行就同意了给他贷款。

试想为什么银行会同意贷款给他呢？一方面他有合理合法的资金用途，即用于购买新船，且已经在日本订购；另一方面，他与日本的货运公司签订了租船协议，已经锁定了收入来源，对于银行来说这就是还款来源，按每年租金75万元测算，预计两年时间可以将100万元银行贷款结清。

启示：其实我们现实生活中也不乏这样的例子，一般人都会觉得房地产商很富有，其实大多数房地产商自身的现金流并不多，买一块地要上亿元甚至几十亿元资金，把房子建起来，还得再花几十亿元，很少有房地产商有如此强大的现金流。他们是利用"抵押贷款"和把购房者的资金先集合起来，才能顺利把房子建好。财力雄厚的创业者可以用金钱堆出一份事业，资金欠缺的创业者就必须学会"借力"。

💡 **思 考 题** ❓

▶ 从"船王"的故事中你学到了什么？你认为，他不用现有船只进行抵押就得到银行的贷款，是出于什么原因？

2. 资料审核

银行受理客户提供的贷款资料后，首先对资料的真实性、完整性、合规性进行审核。对相关征信报告、银行流水、收入证明、抵质押物等资料，通过不同的方式进行核验。同时对客户的整体资信状况，包括征信状况、资产负债状况、房产状况等方面进行评估。

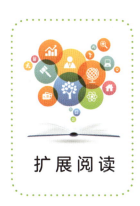

扩展阅读

个人征信查询审查重点

1.征信报告记录时间：一般情况下，会重点考察借款人最近两年内的征信情况。

2.征信报告打印时间：征信报告的打印时间也是风控部门着重看的，一般信贷公司要求借款人提供最新的征信报告，最长不能超过一个星期。如果征信报告打印时间过长，可能最新的信贷记录就没法知道，征信报告可能不准确。

个人征信查询审查重点

1. 征信报告记录时间

2. 征信报告打印时间

3. 个人基本信息

4. 贷款记录

5. 信用卡记录

6. 公共记录

7. 查询记录

3.个人基本信息：个人基本信息会记录借款人的个人姓名、学历、出生日期、年龄、家庭住址、联系方式、婚姻情况、工作单位及电话、学历、配偶信息等内容。信贷公司会将这些信息和借款的申请表做核对，查看是否有不一致的地方，或是否存在虚假的资料。

4.贷款记录：贷款记录重点审核以下几方面：一是贷款机构，二是贷款总金额，三是贷款类型，四是当前还有多少贷款未还，五是每个月要还的贷款额度是多少，六是贷款逾期情况。如果借款人当前的贷款余额大于借款人的收入及资产价值，或者是逾期次数比较多，那贷款审批是会受到较大影响的。

5.信用卡记录：信用卡记录主要考察的是借款当前的信用卡持有数量、信用卡透支总额，信用卡逾期情况等。跟贷款一样，如果借款人申请的信用卡过多，透支额度比较高，或者逾期次数比较多，贷款同样也会有较大的影响。

6.公共记录：公共记录主要记录的是借款人社保缴纳情况，以及一些社会行为。从社保缴纳记录可以推断出借款当前的工作情况，也可以反推出借款人的基本工资收入。

7.查询记录：每一次查询都会留下记录，审查会关注哪些机构曾经查询过。查询记录包括查询日期、查询操作员、查询原因等内容，是银行重要参考项。若查询记录过多，会影响贷款申请，可能会导致银行评分系统不通过从而拒贷。虽然征信查询记录不是一个硬性指标，但是它是各家金融机构评判一个客户信用的一个重要因素。因为在贷款机构看来，如果客户近期的征信查询次数过多，可能是由于短期内向很多金融机构申请了贷款，说明借款人非常缺钱，还款风险比较大。通过查询记录发现贷款被拒次数太多，在一定程度上会影响客户以后申请贷款的成功率。此外，征信被查询次数过多，贷款机构还可能将其列入风险客户名单，从而导致贷款被拒。

思考题

- 客户本人征信良好无逾期，但是客户老婆 2 年内有 6 次逾期，客户老婆有逾期对客户申请房贷有影响吗？
- 没有任何负债，但是征信上有 1 笔对外担保 100 万元，对外担保会影响客户的房贷申请吗？
- "公共记录"中有法院民事判决记录、强制执行记录还能贷款吗？

3. 贷款调查

审核资料的真伪后，银行客户经理履行尽职调查职责，根据所掌握的材料，对于其中的疑问通过实地查看、上门走访等形式进行核实，特别是对借款人的贷款用途、还款来源、抵押或保证是否可行等方面进行综合考量。撰写调查报告、项目分析报告（若是项目贷款），形成调查评价意见，并把全部业务资料移交风险控制部门进行审查。

扩展阅读

个人经营性贷款调查报告分析示例

借款人王某现年45岁，是湖南长沙人，现居住于绿地小区，本科学历，2004年成立长沙喜多多有限公司。王某为人诚实可靠，在工作中认真负责、踏实稳重、遵守承诺、开拓能力强，有丰富的实际经验和管理经验，在当地企业家商会中有较高的声誉；其妻杨某，现年41岁，主要参与公司的日常管理。目前王某家庭和睦，个人无不良嗜好。现王某申请个人经营性贷款用于长沙喜多多有限公司日常经营需要。

借款人王某名下贷款分别如下：其名下有1笔广发银行经营贷款，剩余金额为279807元；其名下有1笔微粒贷，贷款金额为20万元；其名下有1笔某银行的经营贷款200万元于2021年12月27日到期；其名下有12张信用卡，总授信贷款金额为92万元，已使用额度为732718元。

其妻子杨某名下贷款分别如下：其名下有1笔房屋按揭贷款，贷款金额为120万元；其名下有1笔邮储银行的农信贷，总贷款金额为297250元；其名下有7张信用卡，总授信贷款金额为21万元，已使用额度为15万元。

现王某申请个人经营性贷款200万元，该笔贷款平均每月利息13050元，该笔贷款为个人经营性贷款，用于借款人名下公司的经营活动。其本金由借款人销售收入偿还，根据销售情况得知，借款人2018年销售收入约为962万元，净利润约为236万元，故借款人有充足的现金归还每月利息与到期本金。

思考题？

⟫ 个人经营性贷款和公司贷款的主要差异在于，个人经营性贷款是以个人名义进行借款，公司贷款则是以公司名义进行借款，通过这份报告，想想银行审查个人贷款时会重点调查哪些方面？如果客户有逾期，会影响个人的贷款吗？

（二）贷款审批

贷款审查主要是对贷款调查内容的合法性、合理性、准确性进行全面审查，重点关注调查人的尽职情况和借款人的偿还能力、诚信状况、担保情况、抵（质）押比率、风险程度等。

首先，风控部门会对贷款业务或项目进行审查，判断风险大小，收益多少，并得出相关意见。其次，根据各银行管理要求，会召开授信业务审批委员会/贷款审批会（每个银行的名称不同，性质相似）进行集体审议。最后，审议通过后，特殊业务需要提交有权人审批（一般是行长或者授权副行长，不同银行的有权人有所不同）。通常来说，有权人具有一票否决权，即审查通过的业务，有权人可以不批准。

事实上，针对不同的贷款种类，审核的要求和严格程度有所不同，每个银行的风险偏好也有所不同，如今银行响应国家普惠金融的号召，大力支持中小企业融资。同时，随着科技的发展，许多银行和小额贷款公司等非银行贷款机构开发了可以网上申请的贷款产品，如网商贷；提交贷款申请后，可以由系统进行线上审核，效率高、审批快。后文我们还会讲到现实生活中已经开发完善的很多便捷的贷款产品及其流程。

扩展阅读

银行贷款授信批复的主要内容

贷款审查通过后，银行会出具贷款/授信批复的主要内容包括：

1.授信/贷款方案：基本要素包括借款主体、信贷业务种类、币种、金额、用途、期限、利率、发放方式、还款方式、担保方案等。

2.发放条件：贷款发放前必须落实的条件，包括担保条款、合规性条款、信用风险强化管理条款。

3.使用条件：客户使用贷款资金前需要满足的条件。

4.贷后管理要求：对客户部门或管户经理提出的贷后管理要求。

思考题

❯ 如果各项审核通过后，是否意味着一定可以放款成功？

三、贷款发放

事实上，审核通过后，还需要联系银行经办人员办理好贷款发放的手续，确保贷款资金顺利到位。

（一）落实放款条件

落实放款条件是贷款发放和后续管理的前提。根据贷款批复内容，先落实放款条件才能放款。

一般来说，首先落实相关担保措施，借款人配合客户经理依据贷款批复，落实抵押、质押、保证等担保措施，办妥抵（质）押登记、办妥权利凭证入库手续等。其次要落实贷款批复所要求的其他条件，比如对于批复将项目资本金到位作为信用发放条件的，要落实资本金到位情况及来源的合规性、合法性。

在落实放款条件这一步的过程中，可以随时咨询银行经办客户经理，他们一般会给予指导和协助办理。

（二）签署放款文件

需要签署的放款文件主要有合同文本、出账审批表和借据等，合同文本主要包括授信合同、借款合同、保证合同、抵押合同等。借款合同约束的条款主要有借款用途、借款种类、借款金额、利率、期限和还款方式等。另外，同时也会注明借贷双方的权利、义务，违约责任和双方认为需要约定的其他事项。

签署合同的注意事项主要有：单位客户应使用单位公章或合同专用章；法定代表人和授权人应当面签署；多页合同应盖骑缝章；合同文本确定后，如果需要涂改合同，各方应在涂改的地方签章；合同签署完成后及时办理抵押等登记手续，配合银行进行抵押品的事前核查，在登记机关现场办理权证移交手续。

（三）贷款支付审核

发放和支付审核由业务部门发起，由授信执行部门审查。合同签订并审核通过后，银行向合同中指定的账户划拨贷款。当然，实际操作中可通过联系经办人员，根据各银行等其他贷款机构的要求提供相应资料。

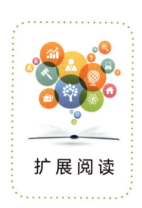

扩展阅读

受托支付 VS 自主支付

受托支付是指贷款每笔资金的使用需要经过银行的审核，符合贷款用途的方可使用，不符合贷款用途的不可以使用。一般情况下，借款人用款时需要提供有真实贸易背景的合同资料等作为用款依据。自主支付是指贷款资金可以由借款人自行使用，无须经过银行审批，但如果借款人违反借款合同约定使用贷款资金，银行有权随时提前清收。

与自主支付方式相比，贷款人受托支付的最大区别就在于，在贷款发放前增加了"银行对贷款资金用途的审核"环节，从而将贷款资金与贷款用途捆绑在一起。这种捆绑将使借款人对贷款资金的"自由"使用受到限制，从而有效解决贷款资金被挪用问题。

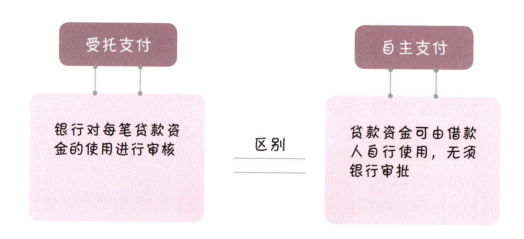

受托支付

银行对每笔贷款资金的使用进行审核

区别

自主支付

贷款资金可由借款人自行使用，无须银行审批

中国银监会发布《流动资金贷款管理暂行办法》《个人贷款管理暂行办法》《固定资产贷款管理暂行办法》和《项目融资业务指引》并称"三个办法一个指引"，简称贷款新规。根据银监会贷款新规中《固定资产贷款管理暂行办法》和《流动资金贷款管理暂行办法》的相关规定，受托支付目前适用的情况是：（1）项目融资贷款单笔金额超过项目总投资5%或超过500万元人民币；（2）具备以下情形之一的流动资金贷款：a.与借款人新建立信贷业务关系且借款人信用状况一般；b.支付对象明确且单笔支付金额较大；c.贷款人认定的其他情形。

除了例外情形，个人贷款资金也应采用受托支付的方式进行。采取自主支付的个贷例外情形主要包括：借款人无法事先确定具体交易对象且金额不超过30万元人民币的；借款人交易对象无法使用非现金结算方式的；贷款资金用于生产经营且金额不超过50万元人民币的；法律法规规定的其他情形。经营性贷款不超过50万元借款人可自主支付。

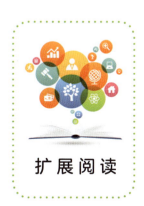

扩展阅读

线上贷款流程（网商贷）

贷款的"申请—审批—发放"流程完全通过线上（网上）操作完成。近年来各家金融机构纷纷推出网上贷款产品，主要针对信用情况较好的中小微企业或个人客户，以补充日常资金需求，具有申请便捷、审批快速、支付灵活、无抵押、金额小等特点。此类线上（网上）贷款申请可以根据网页提示，按步骤输入客户基本信息完成线上申请，系统将链接工商、税务、中央银行等机构的数据，自动识别客户信息，审核客户资质，进行智能化审批，最终快速给予包括贷款额度和贷款利率在内的审批结果，客户可根据系统生成的结果，按规定进行线上提款操作。

如阿里巴巴的网商贷：进入"网商银行"官网，点击按钮"我要借钱"。进入借钱界面，鼠标往下拉，找到"网商贷"的页面，点击按钮"了解详情"，进入"网商贷"的登录界面。可以了解网商贷的介绍、步骤、流程。点击"立即提交申请贷款"的按钮，进入申请界面。如果你是个体户、小微企业经营者，可以用支付宝账户直接登录申请；如果是其他的身份，请选择相应的身份登录。相应账户登录以后，根据要求提示填入信息—提交信息—等待审核—获知结果，即可完成申请，待审批通过，结果生成，即可按提示使用贷款。

扩展阅读

农业小微企业贷款"申请—审查—发放"流程

农业小微企业应首先向企业所在地的金融机构提出书面借款申请。金融机构在收到企业的申请后，会对企业的主体资格、基本情况、经营范围、财务状况、信用等级、发展前景、资金需求、偿还能力等进行初步调查，认定客户是否具备贷款的基本条件，作出是否受理的意见并答复企业。对于同意受理的贷款，金融机构将会要求企业提供营业执照、贷款卡、税务登记证、公司章程、近两年和最近月份财务会计报告等金融机构规定的相关基本资料；在此基础上，将组织贷款调查评估，进行贷款审查、审议与审批。对于审批通过的贷款，将与企业签订正式合同，并根据企业用款进度发放贷款。贷款发放后，金融机构会根据有关规定进行贷后管理，企业需要按照合同规定积极配合。

探究与活动

⊙ 与爸爸妈妈做一个小游戏，假设爸爸妈妈是银行工作人员，你是借款人，通过模拟银行贷款程序，成功贷到自己的第一笔钱吧。

⊙ 下载某个银行的APP，了解其中的贷款业务，然后与身边的朋友分享。

⊙ 问问自己的爸爸妈妈，或者邻居等一些成功贷款的人们，有什么样的心得体会呢？

第 **4** 章

贷款利息算清楚

身边的故事

阿冰是某大学计算机编程专业大四的一名学生，临近毕业，一心想做一番事业的阿冰毅然拒绝了A公司的高薪职位，决定自主创业，成立自己的软件公司，他邀请同学达布合伙，二人一拍即合。

在几年前，达布的父母在P城给他买了一套房子，让达布毕业后结婚生子用。然而创业初期正是用钱的时候，于是达布不顾父母反对，用房产作抵押，向银行贷款50万元。考虑到软件行业是一个周期比较长的行业，做一款软件前期投入较多，经过商讨，阿冰和达布决定采取按月付息、到期还本的偿还方法，减轻创业前期每月的经济压力。

❯ 银行常见的还款方式有哪些，阿冰和达布为什么要采取"按月付息、到期还本"的方式来偿还贷款呢？这种方法对于他们来说有什么优势？

❯ 如果他们采取的是"等额本息法"或"等额本金法"，对他们每月的还款金额会有什么样的不同？

一、利息计算三要素

贷款利息，是指贷款人因为发出货币资金而从借款人手中获得的报酬，也是借款人使用资金必须支付的代价。决定贷款利息的三大因素：贷款金额、贷款期限、贷款利率。

（一）贷款金额

贷款额度是借款企业与银行在协议中规定的借款最高限额，一般情况下，在贷款额度内，企业可以随时按需要支用贷款。贷款金额为贷款支用的金额，也是计算利息的金额。

通常情况下，银行会根据借款人的信用情况、资产情况、用款需求以及还款能力综合审批贷款额度。银行会根据贷款额度将借款人划分为小微客户、中小企业客户和战略型公司客户等，申请的贷款额度不同，审核要求会有所不同。对申请额度较大的企业，审核会更加严格，比如需提供经审计的财务报表，提供近一年的银行流水等资料。

（二）贷款期限

贷款期限是借款人对贷款的实际使用期限，指某一贷款项目从第一笔贷款发放日到最后一笔贷款本金回收日，是债权、债务关系从起始到终结的时间段。贷款按期限可分为：短期贷款、中期贷款和长期贷款。

短期贷款：1年或者1年内（3个月以上、6个月以下为临时贷款），主要用于满足借款人对短期资金的需求。

中期贷款：是指贷款期限为1年以上（不含1年）、5年以下（含5年）。

长期贷款：是指贷款期限在5年（不含）以上的贷款。

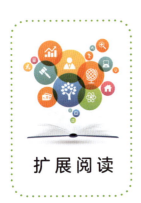

扩展阅读

贷款期限的确定

贷款期限的长短，应根据贷款种类、性质、用途来确定。如项目贷款期限是在审慎评估项目风险和偿债能力的基础上，根据项目预期现金流、投资回收期、项目融资金额等因素合理确定。贷款期限的长短不同，贷款审批的要求也有所不同，一般来说，期限越长，风险越大，利率则越高，审核条件越严格。

思考题?

◉ 排排序，一般来说，短期贷款、中期贷款、长期贷款的风险程度大小、利率大小如何？

（三）贷款利率

　　银行贷款利率是指贷款期限内利息数额与本金额的比例。贷款利率是借款合同双方当事人计算贷款利息的主要依据，贷款利率条款是借款合同的主要条款。贷款利率参照中国人民银行制定的基准利率，实际执行利率可在基准利率上下一定范围内浮动。

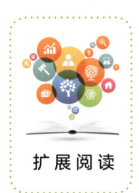

扩展阅读

关于利率的小故事

　　当隔壁老王找小李子借钱的时候，小李子不仅要问他借多少、借多久，还要评估老王跑路的可能性有多大。如果老王像《老炮儿》里六爷找霞姨借钱那样，主动抵押房产证，看在这份情谊上，必须低息甚至免息；而如果老王口碑不佳，喜欢赖账，那他就只有去找高利贷了。

　　借多少、借多久、还不还，三个因素共同决定了利率的水平。金融机构本身就是经营风险的机构，违约可能性越高，期限越长，综合考虑的利率越大。

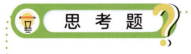

思　考　题

> 生活中为什么会存在利率？利率存在的意义何在？

1. 贷款基础利率（LPR）

贷款基础利率（Loan Prime Rate，LPR）是商业银行对其最优质客户执行的贷款利率，其他贷款利率可在此基础上加减点生成。贷款基础利率的集中报价和发布机制是指在报价行自主报出本行贷款基础利率的基础上，指定发布人对报价进行加权平均计算得出并发布。目前，LPR包括1年期和5年期以上两个品种。

自2019年10月8日起，新发放商业性个人住房贷款利率以最近一个月相应期限的贷款市场报价利率（LPR）为定价基准加点形成。同时，首套房贷利率不得低于相应期限LPR，二套房贷利率不得低于相应期限LPR加60个基点（以2019年9月20日5年期以上LPR是4.85％为例，二套房贷利率不得低于5.45％）。住房公积金贷款利率目前按2015年10月24日调整并实施的基准利率实行，5年以上公积金贷款利率为3.25％，5年及以下公积金贷款利率为2.75％。

2. 合同利率

合同利率是经与借款人共同商定，并在借款合同中载明的某一笔具体贷款的利率。合同利率也是贷款执行利率，即在LPR的基础上加减点形成的实际执行的利率。例如，2019年9月20日1年期以上为4.85％，贷款利率加60个基点，那就是4.85％+0.60％=5.45％，即贷款实际年利率。

如今，网络上有很多贷款利息计算器，使用起来比较便捷，如https://www.abchina.com/cn/personal/services/calculator/dkjsq/。

二、贷款利息的计算

（一）利率换算法

人民币业务的利率换算公式如下（存贷通用）：

1.日利率（‱）=年利率（％）÷360=月利率（‰）÷30[①]

2.月利率（‰）=年利率（％）÷12

计　算　题

> 某一年期公司贷款，贷款执行年利率为 7.99％，请问较基准利率上浮多少？日利率为多少？

（二）积数计息法

积数计息法按实际天数每日累计账户余额，以累计积数乘以日利率计算利息。计息公式为：

利息＝累计计息积数×日利率，其中累计计息积数＝每日余额合计数。

---

① 一年按360天计算，一个月按30天计算。

（三）逐笔计息法

逐笔计息法按预先确定的计息公式利息=本金×利率×贷款期限逐笔计算利息，具体有三个计算公式：

1.计息期为整年（月）的，计息公式为：**利息=本金×年（月）数×年（月）利率**

2.计息期有整年（月）又有零头天数的，计息公式为：**利息=本金×年（月）数×年（月）利率+本金×零头天数×日利率**

3.银行可选择将计息期全部化为实际天数计算利息，即每年为365天（闰年为366天），每月为当月公历实际天数，计息公式为：**利息=本金×实际天数×日利率**

这三个计算公式实质相同，但由于利率换算中一年只算作360天，但实际按日利率计算时，一年将算作365天计算，得出的结果会稍有偏差。具体采用哪一个公式计算，人民银行赋予了金融机构自主选择的权利。因此，当事人和金融机构可以就此在合同中约定。

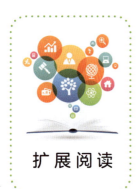

扩展阅读

李强申请银行贷款用于公司的日常经营运转，银行给予授信1000万元，李强实际使用贷款金额800万元，年利率为7%，期限2年，请问贷款利息为多少？如果是按月付息，请问每月需要付多少利息？（逐笔计息法）

解析：①贷款利息=贷款本金×年利率×年期限

=8000000.00×7%×2

=1120000（元）

②月利息=贷款本金×月利率=贷款本金×年利率/12

=8000000.00×7%/12≈46666.67（元）

三、还本付息的方法

（一）等额本息法

等额还本付息，也称定期付息，即借款人每月按相等的金额偿还贷款本息，其中每月贷款利息按月初剩余贷款本金计算并逐月结清。由于每月的还款额相等，因此，在贷款初期每月的还款中，剔除按月结清的利息后，所还的贷款本金就较少；而在贷款后期因贷款本金不断减少、每月的还款额中贷款利息也不断减少，每月所还的贷款本金就较多。

等额本息还款计算方式：

每月还款金额=[贷款本金×月利率×（1+月利率）^{还款月数}]÷

[（1+月利率）^{还款月数}-1]

（二）等额本金法

等额本金还款是指将本金分摊到每个月内，借款人每月等额偿还本金，同时付清上一交易日至本次还款日之间的利息，贷款利息随本金逐月递减，还款额也逐月递减，因此又称递减法。这种还款方式相对等额本息而言，总的利息支出较低，但是前期支付的本金和利息较多，还款负担逐月递减。

等额本金还款计算公式：

每月还款金额＝（贷款本金/还款月数）＋（本金－已归还本金累计额）×

每月利率

扩展阅读

等额本息还款 VS 等额本金还款

等额本息还款的特点是每月还款的本息和一样，这种还款方式虽然容易作出预算，初期还款压力减小，但还款初期利息占每月还款的大部分，还款中本金比重逐步增加，利息比重逐步减少，从而达到相对的平衡。此种还款方式所还的利息高，但前期还款压力不大。这种还款方式适合一般的工薪族。

等额本金还款的特点是每月归还本金一样，利息则按贷款本金金额逐日计算，前期偿还款项较大，每月还款额逐渐减少。此种还款方式所还的利息低，但前期还款压力大。所以这种还款方式适合经济收入较好的家庭。

房贷试算案例

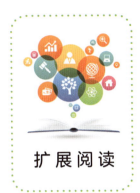

扩展阅读

　　购买单价为8000元/平方米、面积100平方米的商品房，首付3成（30%），按揭7成（70%），按揭年数10年，按揭利率为5.39%，按照等额本息的方式还款的情况如下：

- 房款总额：800000元
- 贷款总额：560000元
- 还款总额：725639.26元
- 支付利息款：165639.26元
- 首期付款：240000元
- 贷款月数：120（个月）
- 月均还款：6046.99元

按照等额本金的方式还款的情况如下：

- 房款总额：800000元
- 贷款总额：560000元
- 还款总额：712177.67元
- 支付利息款：152177.67元
- 首期付款：240000元
- 贷款月数：120（个月）
- 月还款金额如下（元）：

1月，7182	31月，6553.17	61月，5924.33	91月，5295.5
2月，7161.04	32月，6532.21	62月，5903.37	92月，5274.54
3月，7140.08	33月，6511.24	63月，5882.41	93月，5253.58
4月，7119.12	34月，6490.28	64月，5861.45	94月，5232.62
5月，7098.16	35月，6469.32	65月，5840.49	95月，5211.66
6月，7077.19	36月，6448.36	66月，5819.53	96月，5190.69
7月，7056.23	37月，6427.4	67月，5798.57	97月，5169.73
8月，7035.27	38月，6406.44	68月，5777.61	98月，5148.77
9月，7014.31	39月，6385.48	69月，5756.64	99月，5127.81
10月，6993.35	40月，6364.52	70月，5735.68	100月，5106.85
11月，6972.39	41月，6343.56	71月，5714.72	101月，5085.89
12月，6951.43	42月，6322.59	72月，5693.76	102月，5064.93
13月，6930.47	43月，6301.63	73月，5672.8	103月，5043.97
14月，6909.51	44月，6280.67	74月，5651.84	104月，5023.01
15月，6888.54	45月，6259.71	75月，5630.88	105月，5002.04
16月，6867.58	46月，6238.75	76月，5609.92	106月，4981.08
17月，6846.62	47月，6217.79	77月，5588.96	107月，4960.12
18月，6825.66	48月，6196.83	78月，5567.99	108月，4939.16
19月，6804.7	49月，6175.87	79月，5547.03	109月，4918.2
20月，6783.74	50月，6154.91	80月，5526.07	110月，4897.24
21月，6762.78	51月，6133.94	81月，5505.11	111月，4876.28
22月，6741.82	52月，6112.98	82月，5484.15	112月，4855.32
23月，6720.86	53月，6092.02	83月，5463.19	113月，4834.36
24月，6699.89	54月，6071.06	84月，5442.23	114月，4813.39
25月，6678.93	55月，6050.1	85月，5421.27	115月，4792.43
26月，6657.97	56月，6029.14	86月，5400.31	116月，4771.47
27月，6637.01	57月，6008.18	87月，5379.34	117月，4750.51
28月，6616.05	58月，5987.22	88月，5358.38	118月，4729.55
29月，6595.09	59月，5966.26	89月，5337.42	119月，4708.59
30月，6574.13	60月，5945.29	90月，5316.46	120月，4687.63

思考题

> 收入稳定的年轻人，想要有计划地控制支出，应选择哪一种还本付息方式？

（三）按期付息自由还本法

按期付息自由还本法，是依据授信业务审批委员会的批复，按照借款合同所设规则进行还本付息的方式，这种还本付息方式往往是由借款人与贷款人事先沟通商定的，例如，贷款1000万元，期限3年，按月（季）付息，按计划还本：第一年还100万元、第二年还200万元、第三年还剩余本金。这种还款方式一般适用于项目贷款、额度较大的流动资金贷款。

（四）到期一次还本付息法

到期一次还本付息法，是指借款人在贷款期内不是按月偿还本息，而是贷款到期后一次性归还本金和利息，目前人民银行颁布的1年期内（含1年）的个人住房贷款，采用的就是这种方式。现各银行规定，贷款期限在一年以内（含一年），那么还款方式为到期一次还本付息，即期初的贷款本金加上整个贷款期内的利息之和。一次还本付息这种方式适合短期借款。

思考题

> 期初流动资金不足的创业型借款人或项目贷款申请人应该选择何种还本付息方式？请为本章身边的故事中的主人公设计一套合适的还本付息方式，阐述一下你的理由。

四、贷款财政贴息政策

（一）什么是贷款财政贴息政策

贷款财政贴息政策是政府为支持特定领域或区域发展，根据国家宏观经济形势和政策目标，对承贷企业的银行贷款利息给予补贴的政策。

贷款财政贴息主要有两种方式：一种是财政将贴息资金直接拨付给受益企业；另一种是财政将贴息资金拨付给贷款银行，由贷款银行以政策性优惠利率向企业提供贷款，受益企业按照实际发生的利率计算和确认利息费用。

运用财政贴息的好处主要包括：一是用较少的财政资金可以吸引大量的社会资金，以保证国家重点建设资金的需要；二是由于财政贴息首先用于国家重点建设项目，因而有利于调整投资结构，实现产业结构合理化；三是有利于降低企业产品成本，增加企业盈利，从而也有利于增加财政收入；四是对不同行业实行不同的利率，有利于建立合理的利率体系，有利于间接调节生产和消费。

（二）惠农贷款贴息

惠农贷款贴息是政府为了扶持农业发展而提供的一项贷款优惠政策。享受惠农贷款贴息政策的对象是经农业部门备案并在工商部门登记注册的有固定住所和经营场所的家庭农场、农民合作社、农业产业化龙头企业和农业社会化服务组织等。并且农业生产经营符合国家法律法规、农业产业政策和环境保护要求，经营稳定，发展潜力较大，无重大不良信用记录，申请贷款时无不良贷款余额或承担担保责任的不良贷款余额。享受贴息政策的惠农贷款必须用于农业生产经营。

扩展阅读

贴息惠农贷款申请流程

  首先由符合条件的农业经营主体与承贷金融机构达成优惠利率贷款一致意见后，向所在县市区农业、财政主管部门提出申请。各县（市、区）农业主管部门会同财政部门负责对本辖区申报贴息补贴的贷款及其项目实施情况进行合规性、真实性审核。审核无误后，联合所在市（州）农业、财政部门申请本辖区农业贷款财政贴息资金，并提供审核无误的项目单位申请贴息资料。之后，由市（州）农业、财政部门负责对本辖区上报的材料进行复核和汇总，向省级农业和财政部门行文报送年度贴息资金申请报告及相关材料。审批通过并确定授信额度后，由承贷机构与农业经营主体签订贷款合同并一次性发放贷款，并按照一年期以内的贷款采取按季结息到期一次还款方式、一年期以上的贷款原则上采取分期还款方式收回贷款，贷款业务不收取任何中间费用。

思 考 题

❯ 为什么银行在接到借款人惠农贷款申请后，还需要将申请资料交财政部门审批呢？

（三）其他财政贴息贷款

目前，除惠农贷款财政贴息以外，还有许多涉及其他方面的贷款贴息政策，如创业担保贷款贴息、林业贷款财政贴息、汽车贷款贴息、公积金贷款贴息、知识产权贷款贴息、妇女小额担保贷款贴息等。各类贷款贴息政策，使我们的借款成本更加低廉。

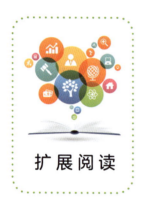

扩展阅读

部分其他财政贴息贷款品种

创业担保贷款贴息：符合创业担保贷款申请条件的人员自主创业的，可申请最高不超过15万元的创业担保贷款。小微企业当年新招用符合创业担保贷款申请条件的人员数量达到企业现有在职职工人数25%（超过100人的企业达到15%）并与其签订1年以上劳动合同的，可申请最高不超过300万元的创业担保贷款。各地可因地制宜适当放宽创业担保贷款申请条件，由此产生的贴息资金由地方财政承担。推动奖补政策落到实处，按各地当年新发放创业担保贷款总额的一定比例，奖励创业担保贷款基金运营管理机构等单位，

符合创业担保贷款申请条件的人员自主创业的，可申请最高不超过15万元的创业担保贷款。小微企业当年新招用符合创业担保贷款申请条件的人员数量达到企业现有在职职工人数25%（超过100人的企业达到15%）并与其签订1年以上劳动合同的，可申请最高不超过300万元的创业担保贷款。

银行 Bank

引导其进一步提高服务创业就业的积极性。

林业贷款财政贴息：中央财政预算安排贴息资金，对各省（自治区、直辖市、计划单列市）符合规定条件的林业贷款，中央财政年贴息率为3%；对大兴安岭林业集团公司和中国林业集团公司符合本办法规定条件的林业贷款，中央财政年贴息率为5%。

公积金贷款贴息：是公积金管理中心与有关的商业银行合作，对商业银行发放的商业性个人住房贷款，凡符合管理中心贴息条件的借款人，由管理中心根据借款人可以申请的贴息额度，按照商业性个人住房贷款和住房公积金贷款的利息差进行贴息。

思 考 题 ❓

❯ 你认为贷款贴息政策最大的优点是什么？

探究与活动 🔍

❯ 想想如果你家需要购置房产申请贷款，觉得哪一种还本付息方法更适合，为什么？

❯ 问问身边有银行贷款的长辈，他们有哪种贷款？计息方式是怎样的？

❯ 为身边资金紧张的朋友量身定制一种还本付息的方式，较其他方式有何优势，为什么适合他/她？

第 **5** 章
贷款事项需注意

身边的故事

小明叔叔的养猪场出现了资金周转困难问题，但这次大家都不着急了，因为通过之前的学习了解到，面临资金困难不仅可以向银行申请贷款，还可以获得一定程度上的利率优惠。于是，小明叔叔向银行提出了贷款申请，可是这一次，银行却拒绝贷款。因为资金需求时间紧急，小明叔叔的贷款又批不下来，小明的婶婶只好也去申请贷款，好不容易贷款成功批了下来，但贷款优惠利率却已"不翼而飞"。得知此事的小明十分困惑不解。叔叔婶婶之前都能顺利申请到有优惠利率的贷款，为什么这次却没能获得优惠利率，甚至连贷款审批都没能通过呢？

思 考 题?

> 你认为小明叔叔没有成功申请到贷款的原因是什么？小明婶婶
> 获批了贷款，但是却没有获得优惠利率的原因又是什么呢？

一、珍爱信用记录

通过询问银行，原来小明叔叔未能获批贷款，婶婶未获得优惠利率贷款的原因就出在几张薄薄的纸上——征信报告。

什么是征信报告呢？

征信报告，是一份企业或者个人信用信息的客观记录。记录了企业或个人全部的信用历史，包括与金融机构发生信贷关系形成的履约记录；与其他机构或个人发生借贷关系形成的履约记录；与商业机构、公用事业单位发生赊购关系形成的履约记录；与住房公积金、社会保险等机构发生经济关系形成的履约记录；欠缴依法应交税费的记录；各种受表彰记录；以及其他有可能影响信用状况的刑事处罚、行政处罚、行政处分或民事赔偿记录。信用报告是生活、工作中的重要参考。

用通俗的话来说，信用报告就是企业或个人信用历史的客观记录。征信报告因为体现了企业或个人的信用状况，被称为"经济身份证"。征信报告不但记录了贷款、信用卡等信息，还包括欠税记录、民事判决记录、电信欠费记录等重要信息。有良好的信用记录，去银行申请贷款时，在贷款利率、期限、金额等方面都有可能享受优惠。而信用记录不好，银行就可能上浮贷款利率、缩短贷款期限、降低贷款金额甚至拒绝贷款。

小明恍然大悟，原来，影响申请贷款的"罪魁祸首"，就是征信报告中的不良记录。那么，究竟什么行为会影响征信记录呢？

（一）影响信用记录的行为

1. 贷款、信用卡逾期

所谓的逾期，就是"借款"或者"欠钱"在规定时间内没有归还。比如，小明叔叔使用了信用卡，或者曾经申请的贷款，超过还款时间未完成还款，或还款没有达到最低还款金额，那么就会出现"逾期行为"，而这种行为会被详细地写入征信报告中，并且会成为影响征信的最主要因素。

2. 贷款利率调整造成的逾期

银行的贷款利息时有浮动调整，尤其是房贷，如果房贷利率上调，借款人还是按原来的还款金额还款，就容易造成逾期。一般来说，银行利息上调的时候，银行的工作人员会通过短信等方式向借款企业或借款人发送提醒。此外，还需要定期和银行客户经理进行交流。

3. 第三方担保造成逾期

每一笔贷款都需要担保，可以用不动产抵押作为担保，可以用股权质押作为担保，也可以让拥有良好信用记录的第三方个人或公司做自己的担保人进行担保等。但需要注意的是，如果你成为了别人贷款的第三方担保人，该笔贷款出现逾期，作为第三方担保人，征信报告也会有体现。

4. 征信查询过多

征信报告可以不限次数地查询吗？答案是否定的，征信不能被过多查询，查询过多，也会影响贷款申请，甚至直接被拒。一般来说，半年内被查询超过6次会影响贷款申请，被查询超过10次，再贷款可能被银行直接拒绝。

5. 日常行为影响征信

随着征信系统的逐渐完善，越来越多的"不良社会行为"将会被记录在案。对于个人而言，水电费欠缴、欠税、民事判决记录、强制执行记录、行政处罚、电信欠费记录、地铁逃票、打车软件爽约、玩游戏使用外挂、春运抢单刷单、代购假货刷屏等行为，甚至在部分地区闯红灯的行为也会被记入不良征信之中。对于企业而言，不按时上报年度财务报表、未提供经营许可证、经营情况不佳等情况，都会影响征信记录。征信系统与我们的生活紧密相连，任何"不良举动"都将难逃征信系统的"法眼"。

6. 互联网金融业务更要关注征信

在互联网金融业务日益发达的今天，使用像"花呗""京东白条"等这样的互联网金融产品来进行日常消费，既可以体验到其带来的便利快捷，又能享受到额度、利率上的优惠。可是在享受互联网金融产品带来的"福利"的同时，也一定要意识到，互联网金融产品也与银行、小贷公司等金融机构的产品一样，在申请的过程中需要考核征信情况，如果出现逾期行为，也会被征信系统记录在内。

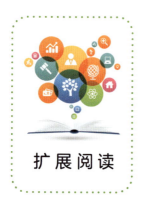

扩展阅读

信用不良影响企业日常经营

某天下午，市场监管所副所长朱江正收拾资料准备下班，一阵急促的脚步声传来。

"还好没下班！我是一家贸易公司的刘会计。我们刚刚发现公司被列入经营异常名录，请问是不是在这里处理？"刘女士问。

看到刘女士焦急的样子，朱江忙安慰道："您不要着急，有什么事坐下来慢慢说。"经了解，该公司刚刚从事食品进口贸易经营，需要申请自动进出口许可证。申请自动进

出口许可证需要提交市场监管部门出具的无违规证明。到市场监管部门开具证明时，该公司工作人员才发现公司被列入经营异常名录。因为市场监管部门无法为其开具无违规证明，公司的进口货物滞留港口，无法报关。

刘女士出示公司的营业执照和相关身份证件后，朱江立即登录国家企业信用信息公示系统查询。查询结果发现，该公司于2018年9月19日因通过登记的住所或经营场所无法联系而被列入经营异常名录。

"您一定要帮帮我们，公司的货物滞留港口，资金周转十分困难，这样一天天拖下去，真是赔不起啊！"刘女士无助地说。

"您的心情我理解。移出经营异常名录，需要提交已依法办理住所（经营场所）变更登记的证明材料，或通过登记的住所（经营场所）可以重新取得联系的证明材料。这样吧，您给我留下联系电话和邮箱地址，我把所需要的材料发送给您。您尽快准备，有什么疑问可以随时联系我。只要材料齐全，监管人员现场核查无误后，我们一定尽快把你们公司移出经营异常名录。"朱江说。

几天后，刘女士送来相关材料。市场监管所立即对其经营场所进行现场检查。随后，工作人员依据《企业经营异常名录管理暂行办法》的相关规定，将企业移出经营异常名录，帮助该企业及时取得无违规证明。

该公司法定代表人张先生对市场监管部门工作人员表示感谢。他说："'一处失信，处处受限'。没想到一个小小的疏忽让我们付出这么大的代价。我们一定会吸取教训，更加重视企业信用建设。"

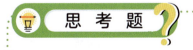

思 考 题

➤ 你认为哪些方面会影响企业信用记录？

（二）信用不良的后果和影响

1. 逾期贷款产生高额罚息

如果信用贷款出现逾期，贷款机构会先电话催收贷款，提醒还款，同时会上浮利率，作为逾期的罚息。银行贷款罚息一般在正常贷款利率基础上上浮30%～50%，具体以签订的合同为准。

2. 难以享受贷款优惠利率

借款企业或借款人在银行申请贷款时，银行会根据其信用记录和资质对贷款的利率进行调整。通常来说，信用较好可以得到利率更低的贷款，如果借款企业或借款人曾经因为贷款逾期造成信用受损，就算获得了银行的贷款，也很难获得优惠利率。

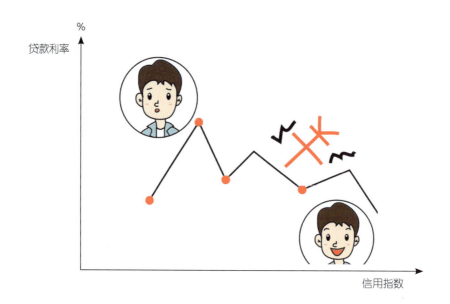

3. 难以申请贷款和信用卡

贷款逾期记录或其他不良信用记录，会被上传至人民银行征信系统。信用污点将会对申请贷款、信用卡带来阻碍。由于人民银行征信系统全国联网通用，各个贷款机构都能进行查询，若有不良信用记录，在任一机构都难以申请办理贷款或信用卡。

4. 影响日常生活与工作

失信被执行人将会被限制消费，如不能乘坐飞机、高铁、火车，不能入住星级酒店等。此外，在选人用人提倡"德才兼备，以德为先"的今天，一些就业单位在员工入职之前，会对求职者背景进行调查，如果求职者存在信用污点，用人单位会对其产生质疑，导致信用不良者丢失工作。

不良征信记录对家庭也有一定影响，如夫妻双方之间某一人信用记录不良，那么另一个人若想贷款买房、买车，也会被拒绝。

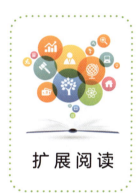

扩展阅读

个人信用不良影响日常生活

钱先生的信用卡账户严重逾期长达455天，经过长期催款仍拖欠未还。由法院介入走诉讼流程后，钱先生仍拒不履行还款义务，经法院强制执行无果，

将钱先生信息上传至"失信名单"，不久后钱先生便主动联系银行沟通还款问题，并讲述了成为"失信"人群一员后的尴尬生活。

原来，钱先生对于法院的执行一直抱有侥幸心理，认为自己欠款1万余元金额不大，不会引起法院的重视。而当钱先生出行时，发现无法实名购买高铁火车票、银行借记卡被司法冻结无法取款，自己的养老金账户也被冻结，顿时感到了"事态严重"，生活几乎寸步难行。钱先生迫于生活的种种不便，不久后便主动联系银行全额归还欠款，并告诫所有人，要像珍爱家人一样珍爱信用。

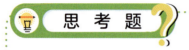

> 你认为如何才能使自己拥有完美的征信记录呢？

（三）如何改善不良信用记录

1. 避免贷款逾期

按时还贷是提升信用评分的最佳方法。还贷记录在信用评分系统中占据高达35％的份额，即使错过一次还款期限，也会严重影响信用记录。而准时还贷的最简单途径便是签订信用卡自动还款协议，以便准备好还款资金。

2. 合理使用信用卡

信用卡是一把双刃剑，合理使用，可以便利生活；使用不当，则可能出现财务问题。很多时候，办卡并不是真正有需要，而是被办卡送的礼品吸引，或是为帮朋友完成任务而办，这样的卡很容易成为睡眠卡而被遗忘。睡眠卡久放不用，欠了年费，也会出现逾期和欠款。所以，不用的卡片就及时注销，以免产生逾期，得不偿失。为提高信用最不应该做的事情，是申请很多张信用卡来应对现有财务问题。这样做不仅新的信用调查会影响信用评分，同时还将陷入更大规模的债务怪圈。

3. 等待不良征信记录自行消除

根据《征信业管理条例》规定：征信机构对个人不良信息的保存期

限，自不良行为或者事件终止之日起为5年；超过5年的，应当予以删除。如果发生了信用不良记录，在之后的5年内，我们需要保持良好的信用，无论信用卡还是贷款，一定要及时还款，避免再次留下不良记录，这样在5年后，良好的征信记录就会自动覆盖不良征信。

二、防范"套路贷"

（一）什么是"套路贷"？

"套路贷"是指以非法占有为目的，假借民间借贷之名，利用受害人急需资金周转的心理，通过"签订虚假或空白借款协议""虚增债务""制造资金走账流水""肆意认定违约""转单平账""虚假诉讼"等手段非法占有公私财产或者使用暴力、威胁等手段强立债权、强行索债的违法犯罪行为。"套路贷"表象是民间借贷，本质上是以民间借贷为幌子，诱骗或者迫使被害人陷入借贷圈套，通过各种方式非法占有他人财物的犯罪行为，它与以获取高额利息为目的的高利贷行为存在根本区别。

"套路贷"有什么特点呢？

1.具有民间借贷的表象，双方签有借款合同、抵押合同、委托合同等，极具欺骗性和迷惑性。贷款人以"违约金""保证金""中介费""服务费""行业规矩"等名义，欺骗被害人（借款人）签订虚高借款合同、阴阳借款合同、房屋抵押合同，甚至直接签署空白合同。

2.制造银行流水痕迹，刻意造成被害人（借款人）已经取得合同所借全部款项的假象。

3.贷款人诱导借款人签订具有单方违约陷阱的合同，通过不接电话、不回信息及系统故障等方式导致借款人在约定期限内客观上无法

还款，进而以借款人违约为名要求偿还高额违约金、滞纳金、手续费等。

4.在借款人无力偿还的情况下，贷款人通过介绍第三方帮助借款人"转单平账"的方式，由第三方与借款人重新签订新的虚高借款合同，进一步垒高借款金额，致使借款人短时间内债务快速增长。

5.当借款人的债务累积到一定程度之后，行为人通过暴力、胁迫等手段向借款人施加压力以获得财物；或者凭借被害人签订的、违背其意思表示的合同向法院提起民事诉讼，以民事判决的形式实现侵占借款人合法财产的目的，并以民事纠纷为名规避公安机关的打击。

扩展阅读

"套路贷" VS 高利贷

"套路贷"是高利贷不断演化的一个结果，"套路贷"与高利贷有什么区别呢？

第一，目的不同。"套路贷"的"借款"是被告人侵吞被害人财产的借口，所以"套路贷"是以"借款"为名行非法占有被害人财物之实。高利贷出借人希望借款人按约定支付高额利息并返还本金，目的是获取高额利息。

第二，手段方法不同。一方面，借款人主观认识不同。"套路贷"的借款人（被害人）往往在签订借款合同时被告知如正常还款，虚增数额无须归还，如果不正常还款才要还虚增的数额，被害人主观上认为对虚增部分不必偿还；高利贷的借款人对本金之外的高利息部分需要偿还在签订合同时即明知。另一方面，出借人对"违约"的态度不同。"套路贷"中的犯罪人员为了达到占有虚增款项的目的，往往采取拒接电话、"失踪"等方式，让被害人在约定期限内无法还款，而不得不"违约"，高利贷的出借方希望借款人尽早还本付息，而不会故意制造违约。

第三，侵害客体不同。"套路贷"侵害客体多、社会危害大，从诱骗或者强迫被害人签订合同到暴力讨债、虚假诉讼，不仅侵害被害人财产权、人身权，还危害公共秩序，破坏金融管理秩序，甚至挑战司法权威，严重妨害司法公正。高利贷主要是破坏金融管理秩序。

第四，法律后果不同。"套路贷"在本质上属于违法犯罪行为，借款本金和利息不受法律保护（本金是犯罪工具，利息作为违法所得予以没收）。高利贷体现了双方意思自治，借款行为本身及一定幅度内的利息是受法律保护的。根据《最高人民法院关于审理民间借贷案件适用法律若干问题的规定》，借贷双方约定的利率超过年利率36％，超过部分的利息约定无效，即高利贷本金及法定利息受法律保护，超过法定的高额利息部分不受法律保护。

思　考　题

▶ 你认为"套路贷"和高利贷，谁的危害更大？

（二）"套路贷"的表现形式

1. "套路贷"的常见"套路"

（1）先行扣除利息。因为高额的利息不被法律保护，所以小额贷款公司（以下简称小贷公司，泛指网贷类、平台类、APP类等小额贷款公司）在与借款人签署借款协议时，先将利息计算出来，从出借的本金中扣除。也就是说，借款人实际取得的金额要少于借款协议约定的出借金额，少的部分就是利息。这种做法广泛流行于非正规小贷公司，其目的是攫取高额的利息。

奇怪了，明明借了十几万怎么到手就这么少

扣除利息

（2）签订阴阳合同。借贷双方事前会签署两份合同，一份为正常的借款合同，利息、违约金等条款都在正常范围之内（俗称"低条"）；另一份合同则约定了高额的利息以及违约金，甚至有的直接虚增借款金额（俗称"高条"）。如果借款人正常还款，双方以正常合同为准；如果借款人未能正常履行还款义务，出借方就使用虚增合同进行追讨。签订的两份不同的合同俗称阴阳合同。通常，出借方会故意阻碍还款，比如故意冻结还款账号、故意不接借款人电话等，使借款人无法履行还款义务，待还款日期截止后再用高条合同，使用各种手段逼债。

（3）拆东补西，以贷还贷。在借款人无法偿还所借债务时，小贷公司会向其介绍其他小贷公司，让借款人借取本息总额，一次性偿还之前债务，借款人的债务像雪球一样越滚越大。这种情形是近年来小贷公司常用的手段和套路，其目的是避免借款人无法清偿时，双方对簿公堂后，法院不支持高额利息。让借款人向其他小贷公司一次性借足所欠本息进行清账，就会避免诉讼，原本不被保护的高额利息也变成了第二次借款的本金。很多债务人就是因为拆东补西、以贷还贷最后导致债台高筑、走投无路。

（4）代为投资。比如借款人向小贷公司借款50万元，小贷公司表示借款人只能拿到50％的款项，剩下的资金须由小贷公司代为投资，投资的盈亏均由借款人承担。在借款人同意之后，25万元却因投资失败，完全亏损或只能拿回极少部分。

2."套路贷"的常见模式

（1）车贷模式。通过诱骗被害人到小贷公司以自己所有的车辆作为质押物进行小额信贷。在签订借贷合同过程中，引诱被害人接受在车辆上安装GPS定位装置、违约时小贷公司可任意处置车辆及其他违背常理的严苛违约条款，并签订相应的"车辆质押协议""车辆处置委托书"等法律文书。随后，肆意认定被

害人违约，出动人员强行扣押被害人车辆或者使用被害人存放于公司的备用钥匙私自将被害人车辆开走，随后向被害人索取高额拖车费、停车费、违约金等款项，以达到获取非法利益的目的。被害人不支付上述费用的情况下，擅自将被害人车辆出售，获取非法利益。

（2）房贷模式。通过与被害人签订借款合同，以"违约金""保证金"等名目骗取被害人签订"虚高借款合同""房产抵押合同"等明显不利于被害人的合同。同时带被害人去公证处，将房屋的出租、管理

及查档权授权给贷款方，以便为今后和被害人打官司提供合法依据。借款时，以银行流水的名义向被害人账户汇入贷款资金，再以"保证金""中介费""服务费"等名义要求被害人以现金形式返还部分金额，造成被害人签订的贷款合同金额与最终到手资金之间相差了"保证金""中介费""服务费"部分，而最后被害人仍然需要偿还贷款合同上的金额数目。等到还款日，犯罪嫌疑人以被害人违约为名，向被害人索要高额借款，如果被害人不还便向法院起诉，最后获取房产。

（3）校园贷、裸贷模式。校园贷和裸贷利用学生过度消费的特点，针对涉世不深的学生下手，花样翻新、名目众多，有的用手机、电脑等消费品作诱惑，有的以兼职还钱为幌子，有的以裸照作抵押，在被害人签署不合理合同后，以在网上散布裸照等威胁手段要挟被害人还款，并索取高额利息。

扩展阅读

借2万元要还120万元是怎么回事？

2016年10月，家住杭州下城区的王某因朋友请求，帮朋友去做个2万元的借贷担保，碍于朋友情面，王某勉强答应了。

在犯罪嫌疑人施某的公司办理借款时，朋友突然改称要让王某帮忙共同借贷。

王某极不情愿，但朋友不惜下跪做各种承诺，王某最终还是心软了。

签署借贷协议时，明明2万元的借款，合同上却虚高成了4万元。施某解释称，其中1万元是保证金，另外1万元含上门费、平台管理费、诉讼费等预支费用，实际拿到借款是2万元，并表示只要按合同约定按期还款，累计只需要还款2万元，但若逾期未还，则约定要还4万元。

还120万元！

签完合同后，朋友的银行卡上立马收到2万元贷款。但王某没想到的是，他的噩梦就此开启。

两个月后，朋友突然失联，借贷公司便向王某来催讨4万元"欠债"。无奈之下，王某又到另一犯罪嫌疑人余某清的公司借贷4万元，虚增合同变为6万元，与之前"行规"类似，6万元借款到账后，对方立即让王某从银行取出，其中4万元用于还清前面"欠债"，2万元交还对方充当"手续费"，借款期1个月。

一个月之后，还不出钱的王某债务便累积到了6万元。因为不断"拖延还债"，王某与对方的债务从6万元变成9万元，再变成20万元。

看王某实在还不出钱，余某清以到法院起诉、找他家人麻烦等方式软硬兼施，逼迫王某去指定的第三家投资公司继续借贷还20万元"欠款"，借贷合同这次变成了40万元……之后又如法炮制，王某被逼向第四家投资公司借贷，一年之后"欠债"已达120万元，位于市中心的房子也成了抵押物。在"欠款"期间，王某不断遭受对方言语威胁、非法拘禁、殴打体罚等，以至于一次次被逼就范。

其实，王某的120万元"欠款"中，实际拿到手的只有50万元，事后王某母亲表示愿意卖房子偿还儿子实际借到手的50万元，再多加40万元，愿意一共偿还90万元，可对方仍然不愿意。

思 考 题

> 该案例中涉及的"套路贷"手段有哪些?

（三）如何增强识别和防范能力?

1. 学习知识获取经验

在被"套路贷"欺骗的受害人中，绝大部分都是初次贷款的客户，金融与防欺诈知识匮乏，不知道贷款的风险，更不要说贷款套路了。学习相关知识和经验的方法主要有两种：一是多关注新闻，从日常贷款案例中获取知识、吸取教训；二是多看相关文章、书籍与视频，可以看CCTV1、CCTV12法制频道相关节目或贷款欺诈防范相关的文章、书籍及视频。想要掌握防骗的方法，首先要学习，了解的贷款欺诈案例多了，才能从意识上杜绝贷款欺诈。

2. 建立理性的消费习惯

理性的消费习惯能够帮助你精打细算，合理消费；非理性的消费习惯会导致盲目浪费，进而发展为超前消费、贷款消费。在绝大多数"套路贷"案例中，很少有人是为了一日三餐而贷款的，要防范和远离"套路贷"，最重要

的是能够保持理性，学会拒绝自己，拒绝自己的不良消费行为，那么就能远离贷款的诱惑。大部分人，都是贪图一时的奢侈消费，寅吃卯粮，最终找上"套路贷"。

3. 谨慎选择贷款渠道

在出现经济压力时，选择贷款方式一定要慎重，尽量从正规银行或者持牌金融机构获取贷款，不要因为急迫心情，盲目选择非正规、没有牌照的金融机构。

4. 看清合同条款

对方既然愿意给你贷款，急迫的心情暂时可以放下，仔细验看合同条款。"套路贷"的合同通常存在霸王条款甚至是欺诈，发现问题要提高警惕，避免陷入"套路贷"的泥沼。此外，贷款是以本金计算利息的，遇到"贷

一万到手八千"的情况，并且对方堂而皇之地声称扣取利息，应当坚决予以拒绝。对方不仅在操作程序上违规，合同内容也是违法的。

5. 警惕贷款中的不合理要求

在一些"套路贷"中，经常会出现贷款资金还没有下来，却要交各种费用的事情。正常贷款是没有这些不合理程序的，遇到这样的情况，不要一味听从对方，告诉对方这种做法违规并中止贷款是明智的做法。

6. 保留贷款流程中的证据

无论对方是否属于"套路贷"，在贷款的各个流程中，都需要保留相关的证据。

三、贷后管理需用心

（一）款项使用要规范

在获得贷款之后，一定要按照贷款条款规定合理使用贷款。否则将会在银行留下不良记录，从而影响未来的信用生活。因此，以下几种不规范的贷款使用行为，一定要避免。

借贷炒股。股市的风险极大，一个较大的向下波动就会带来巨大的亏损。此外，因为资金来源于贷款，借款人还背负着利息，这样会产生巨大的心理压力，影响股市操作，炒股的风险就会更大。更严重的是，借贷炒股还可能涉嫌违法！根据银行的规定，贷款禁止用来炒股，如果使用银行贷款炒股，就违背了与银行签订的贷款合同，银行有权利到法院起诉。

贷款赌博。赌博是违法行为，贷款赌博违反了与银行的约定、赌徒心理常常使损失不断扩大，让自己的生活变得一团糟，给自己和亲人带来巨大的痛苦，严重的还会走上犯罪道路。

借贷理财。这一点不可行。一方面是因为借款机构放贷往往会查实借贷的真实用途；另一方面，借贷利息普遍比理财利息高，往往不能获得正收益。

以贷养贷。有些人在申请贷款的时候比较盲目，结果造成了严重的负债，为了还款，不得不选择借新债还旧债，也就是以贷养贷。目前，以贷养贷是不犯法的，并不构成犯罪行为，但是，以贷养贷的后果依然很严重。以贷养贷的最终结果往往是无力归还贷款，出现严重逾期。对于逾期者来说，很有可能会使自己的个人征信严重受损，甚至成为黑户。部分人群可能会成为法院的"老赖"。

总体来说，规范使用贷款就是一定要按照贷款条款的规定合理地使用贷款，同时，贷款资金的用途一定要与贷款申请报告中的用途相一致，不要将贷款资金用于贷款条款禁止的事项。

（二）提前还款要慎重

提前还款是借款人支付的超过每月还本付息金额的部分。提前还款包括提前全部还款、提前部分还款且贷款期限不变、提前部分还款的同时缩短贷款期限三种情况。一般贷款合同中都有关于提前还款的约定，大家可以在贷款合同中了解银行关于提前还款规定的次数，时间限制等。

所谓"无债一身轻"，大部分人都不喜欢"背债"，想要尽快地将贷款偿还完毕，但是在选择提前还款前，要先判断划不划算，根据具体情况进行具体分析。

适合提前还款的情况：对于执行上浮利率的贷款人，随着国家政策的变化以及国家对房地产行业的调控，银行贷款的利率也在不断变化。有那么一些贷款人在购房的时候，正好没有赶上优惠利率，那么你所需要偿还贷款的利息自然也就要高一点。像这一部分人如果有能力的话，最好还是一次性还清贷款比较划算一点。

不适合提前还款的情况：针对提前还款，贷款机构是可以根据合同约定来收取一定的罚息的。比如，对银行车贷、房贷提前还款，有些银行会收取相应的违约金的，而这一部分的违约金基本上是还款额度的2%~5%，这对借款人而言也是一笔不菲的支出。

（三）展期续贷如何选

贷款展期是指当银行发放给企业或个人的贷款不能如期归还时，由企业或个人向银行提出借款展期申请，经银行批准后延期偿还贷款的一种行为。贷款展期一定程度上缓解了因生产资金周转不畅而产生的短期资金需求的矛盾。

续贷是指借款人在原有贷款到期（含展期到期）后不能按期归还，但仍有融资需求，经其主动申请，银行向其重新发放贷款用于结清已有贷款的行为。

贷款续贷与贷款展期的区别：（1）贷款续贷最终还款日期并没有发生变化，只是在贷款到期日可以重新在银行获得一笔资金，可以拿着这笔资金归还即将到期的贷款，这样一来也能够避免逾期的现象出现，可以理解为"借新还旧"；贷款展期通常会将还款期限往后顺延一段时间，但是不能够获得新的资金来归还贷款。（2）贷款续贷通常不会影响到个人或企业征信，而贷款展期会被保留在征信记录上，这可能让金融机构认为你的还款能力存在一定问题，从而影响未来借款。

探究与活动

- 向银行工作人员了解，申请贷款失败的情况有哪些，平时如何保护好自己的征信记录。
- 在网上查阅资料，了解"套路贷"的现实发生情况，试着向身边的同学朋友介绍"套路贷"的知识，以及有效防范"套路贷"的方法。
- 向银行工作人员了解贷款的合规使用途径有哪些。
- 在网上查阅资料了解展期和续贷应该如何选择。

后 记

　　《明明白白借贷款》内容包括想要贷款该找谁、贷款产品有哪些、贷款申请三步走、贷款利息算清楚、贷款事项需注意五个学习章节。

　　本书贯彻普惠金融理念，从普通民众生活中的贷款需求出发，结合身边的案例，讲解了贷款主体、贷款产品、贷款利息、贷款注意事项等常见贷款知识，力求内容通俗易懂，具备可读性、趣味性及思想性。

　　本书的基本框架由中国金融教育发展基金会提出，湖南大学金融发展与金融稳定研究中心主任、金融与统计学院副院长龙海明教授组织团队编写，湖南大学金融与统计学院周鸿卫教授、湖南大学金融发展与金融稳定研究中心特聘研究员王志鹏博士（中国工商银行总行投资银行部）、谭聪杰（交通银行长沙湘江中路中心支行）、张湘宜（兴业银行长沙分行营业部）、陶冶（湖南省农村信用社联合社稽核审计部）、刘净冰（长沙银行股份有限公司宁乡市支行）参与了编写工作。正是全体编写组成员团结合作、精诚努力、锐意进取，才能在较短时间里圆满完成本书的编撰出版任务。

　　本书编写过程中，得到了中国金融出版社王效端主任、王君编辑的支持，她们提出了很好的修改意见，细心审校也使本书增色不少。此外，本书的出版得到了郑州银行的赞助支持。在此，表达我们诚挚的谢意。

　　此外，对于本书中出现的疏漏与错误，我们真诚地期待广大读者批评指正！

中国金融教育发展基金会

2019 年 5 月

郑州银行简介

　　郑州银行地处大河之南，中原腹地。其前身成立于1996年11月，2000年2月更名为郑州市商业银行，2009年12月正式更名为郑州银行。2015年12月23日，郑州银行在香港联交所主板挂牌上市（H股代码：06196）；2018年9月19日，在深圳证券交易所挂牌上市（A股代码：002936），成为全国首家A+H股上市城商行。

　　截至2018年底，郑州银行共有在职员工4460人，分支机构166家，其中河南省地市分行12家；控股河南九鼎金融租赁公司，管理7家村镇银行。在全国城商行中，郑州银行资产规模排第19位、贷款余额排第26位、存款余额排第20位、净利润排第21位。在麦肯锡"2018中国Top 40家银行价值创造排行榜"中，郑州银行经济利润排全国商业银行第15位；获评《金融时报》2018金牌榜"年度十佳城市商业银行"，是中国银监会选取树立的全国12家城商行"领头羊"之一，综合竞争实力跻身全国城商行第一梯队。

　　郑州银行一贯坚持走特色化、差异化发展之路，聚焦"商贸物流银行、中小企业融资专家、精品市民银行"三大特色业务定位，深入推进公司业务及零售业务转型，并取得初步成效。郑州银行经营管理能力的持续提升，得到了社会各界的广泛认可。在英国《银行家》"2018年全球银行1000强"榜单中，郑州银行一级资本排名第245位，跻身前300强；在《金融时报》2018"中国金融机构金牌榜·金龙奖"评选中，荣获"年度十佳城市商业银行"。

　　"优先贷"是郑州银行推出的用于满足借款人日常家庭综合消费的贷款，面向资信状况良好、符合该行准入条件的自然人客户发放。

产品优势：

省心：一次申请，无限循环

省钱：按天计息，随借随还

方便：在线还款，无须预约

快捷：放款迅速，减少等待

所需资料：

1. 身份信息类：身份证、户口本、结婚证。

2. 资产信息类：收入证明、公积金缴存记录。

详询郑州银行各营业网点或客服电话95097